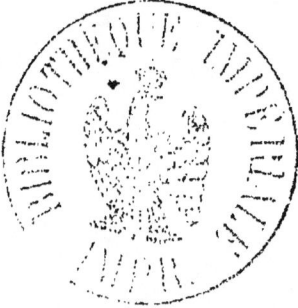

LA

CATINON - MENETTE

LA

CATINON-MENETTE

Par M. l'Abbé J.-B. SERRES

Aumônier du couvent de Notre-Dame, à Mauriac

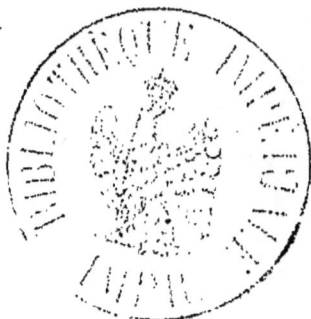

Venez, les bien-aimés de mon Père, prendre possession du royaume qui vous a été préparé dès le commencement du monde : car j'ai eu faim, et vous m'avez donné à manger ; j'ai eu soif, et vous m'avez donné à boire ; j'étais nu, et vous m'avez revêtu ; j'ai été malade, et vous m'avez visité ; j'ai été en prison, et vous êtes venus me voir.

St Matthieu, chap. xxv.

CLERMONT-FERRAND

TYPOGRAPHIE DE MONT-LOUIS

Rue Barbançon, 2

1864

PRÉFACE.

MES CHÈRES SŒURS,

« Les tiers ordres se meurent! disait en 1861,
» dans une retraite pastorale au petit séminaire
» de Pleaux, Mgr de Pompignac, évêque de
» Saint-Flour; et cependant ils sont destinés à
» faire un grand bien dans les paroisses. Car
» encore, ajouta-t-il, que les humbles filles qui
» en font partie aient quelques imperfections,
» et qui n'en a pas ici-bas? elles sont pourtant,
» par leur bonne conduite et la pratique de la
» chasteté, un reproche toujours vivant et tou-
» jours présent, un blâme jeté à la perversité
» des méchants, aux mœurs dissolues d'une
» société qui croule. C'est merveille qu'il y ait
» encore des âmes chastes au milieu d'une cor-
» ruption si profonde. Par leurs humbles prières,
» ces bonnes filles sont comme un paratonnerre
» au milieu de chaque paroisse. Soutenez-les

» donc, mes chers coopérateurs, entourez-les
» de soins, menez-les activement dans les sen-
» tiers de la vertu et de la perfection chré-
» tienne. »

Ces paroles d'Evêque firent écho dans mon
âme; et c'est alors, mes chères Sœurs, que se
réveilla plus vive en moi la pensée de faire im-
primer, dans l'espoir de vous être utile, ce que
je savais d'une admirable fille sortie de vos
rangs, d'une pauvre Sœur du tiers ordre de saint
Dominique, humble femme, pieuse et douce,
qui vécut d'une vie de sacrifice, de dévouement,
d'amour divin et d'héroïque charité. L'idée de
vous la faire connaître s'empara vivement de
mon esprit, et je partis de Pleaux emportant
avec moi cette idée qui ne me quitta plus.

Je me mets à l'œuvre; je m'en vais par la
ville de Mauriac, patrie de la pieuse fille, par
les paroisses qu'elle embauma du parfum de sa
sainteté. Je l'ai suivie pas à pas, cherchant,
quêtant, interrogeant contemporains, parents
et amis de la Sœur, vieux temps et vieux papiers.
J'ai compulsé les registres des églises et des
mairies de la contrée, les procès-verbaux des

délibérations municipales de plusieurs communes. J'ai interrogé plus de deux cents personnes, toutes dignes de foi, qui connurent Catinon-Menette et qui m'ont fourni d'intéressants détails. C'est ainsi que, glanant de çà et de là, je suis parvenu à récolter une riche moisson de documents utiles, et à former un trésor de richesses inexplorées qui ont dépassé mes espérances. A tous ces témoignages j'ajouterai le mien, s'il a quelque valeur, car, moi aussi, j'ai connu l'héroïque fille, peu de temps, il est vrai, mais je l'ai connue, et c'est là un souvenir, un doux souvenir de mon jeune âge.

J'ai donc composé l'édifiante histoire de Catinon-Menette, et cette histoire, je vous l'offre, mes chères Sœurs, et je vous la dédie. Elle vous appartient, car il s'agit ici d'une des vôtres. Vous la lirez avec plaisir, je l'espère. Heureux sera l'auteur, si, doucement émues par le simple récit d'une vie toute de charité, vous sentez vos âmes s'élever plus ardentes vers Dieu, et vos cœurs s'enflammer des feux du très-pur amour.

Dans notre bonne Sœur, vous trouverez toutes

un modèle à imiter, un exemple à suivre; oui, toutes. Quoique vous apparteniez en effet à diverses congrégations, vous êtes toutes pourtant Menettes comme Catinon-Menette. Car, qu'est-ce qu'une Menette? C'est une femme qui, pour l'amour de son âme et de son Dieu, tout en restant dans le monde, se sépare du monde non par haine ou par mépris, mais pour mieux le servir; qui vit seule au milieu du siècle, sevrée de ses joies, de ses amusements et de ses noces, seule avec sa règle, avec son Créateur, avec sa croix. C'est ce que signifie en effet le mot *Menette*; car ce mot, expression propre au pays d'Auvergne, vient sans doute de *moine*, et *moine* vient du mot grec *monos*, qui veut dire *seul, solitaire*. De *moine* on a fait *moinesse, moinette*, et enfin *menette*.

Or, voilà bien précisément, mes Sœurs, le genre de vie que vous menez toutes, sous un même habit et sous une même règle, à quelques différences près. Vous êtes donc toutes des menettes; et voilà pourquoi je vous offre à toutes la vie d'une menette.

Et ce modèle, que je mets sous vos yeux,

est d'autant plus précieux qu'il est à votre convenance : il n'est pas trop haut, il est de votre taille ; car Catherine, quelque étonnante qu'ait été sa vie, n'a point pourtant fait des œuvres inimitables, opéré de ces miracles qui terrifient, pratiqué de ces austérités qui font peur ; non, tout ce qu'elle a fait, avec de la bonne volonté vous pouvez le faire.

Et ne dites pas, mes Sœurs, que vous êtes trop pauvres et trop ignorantes pour faire les mêmes œuvres qu'elle ; car Catherine fut plus pauvre, plus ignorante que la plupart de vous : elle fut pauvre jusqu'à mendier son pain ; ignorante jusqu'à balbutier en lisant son livre, jusqu'à ne savoir pas mettre sur un bout de papier deux lettres de son alphabet. Il n'en est pas des œuvres de Dieu comme des œuvres de l'homme. Pour accomplir les choses humaines, il faut, j'en conviens, de la science et de l'or ; mais pour sauver des âmes, secourir les malheureux, il ne faut qu'un peu de dévouement, un peu d'amour de Dieu.

Courage donc, mes bonnes Sœurs ; travaillons, vous et moi, à devenir saints comme

1.

Catherine. Comme elle, livrons-nous sans mesure aux œuvres de la charité chrétienne ; visi-
tons les malades, secourons les pauvres, nos
frères; dans notre humble condition, faisons
du bien à tous. Eh! mon Dieu, quelle autre
chose avons-nous à faire ici-bas? Opérer un peu
de bien et puis mourir, voilà bien tout! Mêlons
donc notre voix à l'universelle mélodie de l'humanité qui chante la bonté du Créateur. Cette
faible voix ne sera pas entendue, c'est vrai;
nous ne sommes que de pauvres petits grillons
égarés dans le monde. Mais le grillon ne chante-
t-il pas les gloires du Seigneur, quoique perdu
dans la bruyère du désert? On ne l'entend pas,
n'importe, il chante toujours ; il mêle sa petite
voix aux grandes voix de la création. Eh bien!
mes chères Sœurs, que le monde nous entende
ou non, n'importe, allons toujours; Dieu nous
entendra, quelque faible que soit notre soupir
poussé dans la solitude. Donc, pendant que des
âmes plus heureuses, douées de plus de talents,
de [vertu, accompliront de grandes choses,
nous, dans notre humilité, faisons de bonnes
petites œuvres, prions dans le désert de la vie ;

soyons dans nos paroisses reculées des anges de paix et de consolation ; apportons sans bruit le baume de la charité à toute plaie humaine. Que cette pauvre voix, que Dieu nous donne, bruisse doucement et joigne ses refrains au cantique universel ; de telle sorte, mes pieuses Sœurs, que de toutes nos montagnes d'Auvergne s'élève vers le ciel un concert perpétuel de louanges, d'amour, d'adoration, et que, comme un encensoir toujours fumant et toujours balancé, nos âmes sans cesse montent vers le soleil et brûlent devant Dieu du feu sacré de l'amour divin.

A cette fin, mes sœurs, le modèle que je vous présente sera, j'ose le croire, un puissant encouragement. La vie de cette femme, qui passera devant vous et devant moi avec toute sa pauvreté, ses sacrifices et son cortége heureux d'actions saintes, allumera dans nous tous un courage nouveau, une émulation nouvelle.

C'est donc pour vous et pour moi, mes chères Sœurs, que j'écris ce petit livre, afin qu'à l'exemple d'une dévote, nous devenions dévots.

« Il est vray, chères filles, que j'écris de la vie

dévote sans être dévot, mais non pas certes sans
lé désir de le devenir, et c'est encore cette affection qui me donne courage à vous instruire; car
la très-bonne façon d'apprendre, c'est d'enseigner (1). » Je viens donc vous enseigner la dévotion, « dans l'epérance que j'ay, qu'en la
gravant dans l'esprit des autres, le mien à l'ad-
venture en deviendra saintement amoureux...
Ainsi je me promets de l'immense bonté de mon
Dieu que, conduisant ses chères brebis aux eaux
salutaires de la dévotion, il rendra mon âme
son espouse, mettant en mes oreilles les paroles
dorées de son sainct amour, et en mes bras la
force de les exercer; en quoy gist l'essence de
la vray dévotion, que je supplie sa Majesté me
vouloir octroyer et à tous les enfants de son
Eglise, à laquelle je veux à jamais soubmettre
mes écrits, mes actions, mes paroles, mes vo-
lontés et mes pensées (2). »

Je fais hommage de mon petit travail, en
même temps qu'à vous, mes Sœurs, aux habi-

(1) Saint François de Sales.
(2) Saint François de Sales.

tants de Mauriac, et je le dépose humblement aux pieds de Notre-Dame-des-Miracles, notre Mère commune, demandant indulgence à ceux-là, bénédiction à celle-ci.

Agréez, mes chères sœurs....

J.-B. SERRES.

Mauriac, le 9 mai, fête de Notre-Dame-des-Miracles, 1864.

LA

CATINON - MENETTE

CHAPITRE Ier.

Naissance de Catherine. — Ses noms divers. — Ses premières années. — Mort de sa mère.

L'an de grâce 1744, le 28 janvier, Etienne Demi-ches, curé du Vigean, bénissait le mariage de Pierre Jarrige et de Marie Célarier. Marie, âgée de 24 ans, était fille de Charles Célarier et de Jeanne Barrier, gens peu riches, domiciliés au Vigean, petit bourg situé aux portes de Mauriac. Elle n'avait reçu que l'éducation du pauvre, elle ne savait pas écrire.

Pierre était un garçon de 30 ans, fils d'autre Pierre Jarrige et d'Hélix Malaprade, habitants du Mas, hameau de la paroisse de Mauriac, situé sur le penchant du Puy-Saint-Mary, à un quart d'heure de la ville. C'est à l'ombre salutaire de l'antique chapelle dédiée à l'un des Apôtres de l'Auvergne, que grandit le jeune homme. Il était bon chrétien, peu riche, peu instruit; il savait pourtant écrire, car on voit sa signature au bas de l'acte de son mariage, dans les vieux registres du Vigean.

Les nouveaux époux vécurent comme vivent les gens pauvres de la Haute-Auvergne, assez étroitement, par leur travail, gagnant leur pain à la sueur de leur front. Jarrige se fixa chez son beau-père, et c'est là que naquit son premier enfant, une fille, le 6 novembre 1744; elle reçut le nom de Jeanne, et le bon curé Demiches baptisa ce premier fruit de ses bénédictions.

Saisi des sollicitudes paternelles et inquiet de l'avenir, Jarrige, pour donner du pain à sa famille naissante, prend le parti que prennent pour vivre les habitants pauvres de nos montagnes : il se fait fermier, et le 25 mars 1745, il entre, en cette qualité, au domaine du sieur Gabriel Jarrige, au village de Chambres, sur la paroisse du Vigean. Il y resta quatre ans, puis, le 25 mars 1749, il devint métayer de M. Chapouille, bourgeois de Mauriac, à Salzines, village voisin de la ville, où il resta encore quatre ans.

Quand il quitta Salzines pour se rendre à Doumis, le 25 mars 1753, Pierre Jarrige avait six enfants : Jeanne, dont nous avons parlé ; Marguerite, née le 26 novembre 1745 ; Antoine, le 6 mai 1747 ; Jean, le 24 novembre 1748 ; Toinette, le 13 février 1751 ; et Charles, le 16 septembre 1752.

Doumis, où il fut plusieurs années fermier d'un certain Clary, est un village de la paroisse de Chalvignac, bâti sur les hauteurs de la vallée d'Auze, à deux heures de Mauriac. C'est dans ce village solitaire que naquit, le 4 octobre 1754, le septième et dernier enfant des époux Jarrige, une fille qu'on appela Catherine ; c'est celle dont nous écrivons la vie.

A peine eut-elle ouvert les yeux sur ses parents et sur le monde, que Dieu sembla lui apprendre le détachement des parents et du monde ; elle n'eut pas le bonheur d'avoir pour parrain et marraine des membres de sa famille. Deux étrangers la présentèrent à Dieu dans l'église de Chalvignac : Charles Clary et Catherine Clary, les propriétaires de la ferme ; M. Rigal, vicaire, baptisa cette fille de bénédiction.

Il est ici une autre circonstance à remarquer : Catherine est le nom d'une illustre Menette, née à Sienne, en Italie, de parents pauvres, consacrée à Dieu dès sa jeunesse, dans le tiers ordre de saint

Dominique, et morte à Rome en 1380. Eh bien ! la pieuse fille dont nous écrivons la vie, est née comme elle de parents pauvres ; fut comme elle appelée Catherine ; se consacra comme elle à Dieu dès sa jeunesse, dans le tiers ordre de saint Dominique ; et comme elle, enfin, fut d'une immense charité envers les malades et les pauvres.

Ne peut-on pas voir là le doigt de Dieu et une attention merveilleuse de sainte Catherine de Sienne, qui voulut former la pauvre petite fille de Doumis à son image et ressemblance, afin de la donner aux bonnes sœurs de notre pays comme un modèle, un encouragement, une gloire ?

Dans la suite, Catherine fut différemment baptisée par le peuple, qui toujours instinctivement donne aux personnes qui lui sont chères un nom qui exprime et rappelle leur genre de vie, leur état ou leurs actions. Après la Révolution, elle porta longtemps le nom de *Menette des pauvres*, ou celui de *Menette des prêtres*, noms glorieux donnés pour immortaliser sa grande charité envers les malheureux, et l'héroïque courage qu'elle montra dans les services rendus aux prêtres, si sauvagement traqués par la fureur révolutionnaire dans les forêts de nos montagnes.

Cependant le nom de Catinon-Menette a prévalu ;

Catinon est la traduction patoise du mot Catherine; Menette est le nom générique que l'on donne à Mauriac et ailleurs aux sœurs de Notre-Dame, de sainte Agnès, de saint François et de saint Dominique. Ces deux mots, désormais inséparables, réveillent dans l'esprit l'idée de sacrifice, de dévouement, de charité sublime. Dans la ville de sainte Théodechilde (1), le nom de Catinon-Menette excite l'admiration et l'amour; c'est un parfum, une poésie, une suavité, c'est toute une histoire.

La petite Catherine, conservons-lui ce nom pour le moment, grandit au milieu de ses trois frères et de ses trois sœurs avec lesquels elle partageait l'amour de la bonne Mère. Quand ses forces eurent grandi avec ses années, elle les aida tous dans les travaux de la ferme. Elle allait garder sur les collines de Doumis les chèvres et les brebis de la métairie, en compagnie de petits garçons et de petites filles, pauvrement vêtue, même un peu débraillée, ayant une quenouille à filer, qu'elle ne filait pas; un bas à tricoter, qu'elle ne tricotait pas; jouant le long des bois, courant, babillant, se battant. A la maison, elle portait le bois au foyer, puisait l'eau et partici-

(1) Mauriac doit son origine et son beau pèlerinage à sainte Théodechilde, fille ou petite-fille de Clovis, fondateur de la monarchie française au sixième siècle.

pait à tous les travaux du ménage avec grande ardeur, car elle était courageuse et vive. Elle apprit à coudre, à filer, à croire en Dieu; elle sut des choses saintes ce que savait sa mère.

Cette vie de famille si douce, si suave, si nécessaire au bonheur de l'homme ici-bas, fut de courte durée pour la pauvre enfant. Jarrige quitta la ferme de Clary, de Doumis, et prit le parti d'aller servir un maître; les frères et sœurs se louèrent; comme lui et comme eux, Catherine se loua; « elle n'avait que neuf ans. Elle servit successivement plusieurs maîtres avec une fidélité, une activité, une intelligence qui la distinguèrent dans sa condition (1). »

Le travail et la privation de la famille n'altérèrent pas son humeur enjouée: elle était bruyante et aimait à jouer des tours de passe-passe à ses camarades, les pâtres qu'elle rencontrait en gardant ses brebis. Dans sa vieillesse, la bonne femme racontait avec une angélique simplicité les fredaines du jeune âge.

Quand j'étais jeune, disait-elle, j'étais bien méchante. Mes maîtres m'envoyaient garder les troupeaux, je trouvais d'autres bergers dans la campagne, et la journée ne se passait guère sans quelque es-

(1) Rapport à l'Académie française.

clandre. Pour une raison ou pour une autre, nous avions toujours quelque querelle à vider entre nous; comme je n'étais pas la plus forte, *j'attrapais les coups*, je gardais rancune, et le lendemain j'épiais le moment où mes camarades ne me voyaient pas pour ouvrir les claires-voies des pâturages ou *faire un trou dans la muraille*, de sorte que leurs troupeaux allaient et venaient à l'aventure dans les héritages voisins, ce qui valait à mes chers compagnons une bonne *tancée* le soir, quand ils arrivaient chez eux; c'était là ma vengeance, il n'y avait qu'un inconvénient à cela : c'est que les jours suivants j'étais obligée de me tenir en garde pour éviter les fortes raclées que m'auraient données volontiers mes bons amis.

Parfois ses maîtres l'envoyaient faire des commissions à Mauriac. Or, il paraît qu'à cette époque, comme de nos jours, les hommes des bords de la Dordogne, venant au marché, attachaient leurs montures à l'entrée de la rue Saint-Mary, par laquelle ils arrivaient. Catherine, venant à passer par là, trouvait bon de s'amuser un instant; et comme elle avait le talent de n'être jamais seule dans ses espiègleries, elle s'empressait, avec tout ce qu'elle pouvait ramasser d'étourdis dans la rue, de se hucher sur ces pauvres bêtes, et de les pousser

vigoureusement sur tous les chemins. Tous de courir
à qui mieux mieux, et elle, la folle, de se pâmer
de rire devant cette cavalcade grotesque, au milieu
de ce troupeau ruant, trottant, grommelant, qui se
précipitait comme une trombe à travers les bruyères
du Puy-Saint-Mary.

Elle ne prévoyait pas alors, la rieuse fille, que
ces prouesses du jeune âge seraient dans la suite un
remords, une peine de conscience.

A l'époque de sa première communion, Catherine
devint plus sérieuse, pieuse même ; elle apprit son
catéchisme, ce fut toute sa science. A cette époque,
un prêtre allait chaque dimanche enseigner les enfants, tour à tour dans chaque village de la paroisse
de Mauriac(1). Catherine se rendait à ces catéchismes
avec empressement ; elle fit sa première communion.

---

(1) Un ancien curé de Mauriac, Antoine Pommerie, avait cons-
titué une rente en faveur des prêtres de la ville, « à la charge de
faire, lesdits sieurs curés et prestres, le catéchisme dans l'église de
paroisse, chaque dimanche de l'année ; à la charge aussy de faire
ledit catéchisme trois fois de l'année, par demandes et responses
familières, dans chascun des villages de Tribiac, Verliac, Saint-
Thomas, Boulan, Crouzi et Serres, et deux fois de l'année dans
chascun des autres villages de ladite paroisse dans lesquels il y aura
plus d'une maison, et un jour aussy de chasque année dans les autres villages où il n'y aura qu'une maison. » Testament de M. Pommerie, daté du 30 mars 1698.

avec cette piété d'ange qu'on trouve dans les âmes candides mais ardentes.

A peu de distance de cet acte mémorable de la vie chrétienne, Dieu frappait Catherine dans ses plus chères affections; la pauvre enfant devenait orpheline. Le 22 décembre 1767, au village du Cher, où elle s'était retirée, Marie Célarier, sa bonne mère, rendait à Dieu son âme sanctifiée par les derniers sacrements, disent les registres de Chalvignac. Catherine avait douze ans, Dieu commençait à la mener par la voie des sacrifices.

CHAPITRE II.

**La danse et le sacrifice. — Catherine entre dans le tiers
ordre de St-Dominique. — Plaisanteries du monde. —
Ce que la jeune Sœur appelle sa conversion.**

Nature ardente et vive, Catherine était dans sa
jeunesse une de ces âmes qui courent avec le même
élan tour à tour vers le monde et vers Dieu. Pieuse
à sa première communion, triste à la mort de sa
mère, elle reprit bientôt son humeur enjouée; elle
avait pour la danse un attrait singulier. « Je prenais,
disait-elle, un gros bâton ferré et je partais; j'allais
partout où il y avait une veillée, une danse, une
musette. »

Ne nous hâtons pas de condamner la jeune fille;
à cette époque les mœurs étaient plus simples, et la
religion, plus profondément entrée dans les habitudes
de famille, adoucissait cette rigueur un peu brutale
de l'étiquette moderne, et sanctifiait, en se mêlant à
elles, les réjouissances et les fêtes, de telle sorte

que, dans les amusements, il y avait plus de sans-façon et d'honnêteté, moins de malice et de philosophie. Ce goût de la danse pourtant, s'il n'était point un crime dans Catherine, n'en était pas moins un défaut qu'il fallait battre en brèche, un vice qui, favorisé, a toujours de terribles conséquences. La jeune fille mit à le vaincre une excellente bonne volonté. La violence de ce penchant nous permet de juger de la violence des luttes qu'elle eut à soutenir pour changer ses goûts, rectifier ses idées, modérer la vivacité de son caractère, donner une autre direction à son activité et devenir ce qu'elle devint : une femme sérieuse, naïve et bonne.

Les luttes dans son cœur se prolongèrent long-temps. Si d'un côté le monde lui souriait, de l'autre le Seigneur l'appelait d'une voix douce et suave. Or de cet entraînement vers le ciel et de cet attachement aux joies du siècle, résultait dans l'âme de la jeune fille un tiraillement qui la déchirait et formait en elle deux courants opposés.

Un événement qui faillit lui coûter la vie, la détermina entièrement, ou du moins contribua beaucoup à fixer ses incertitudes. Elle allait un jour à la fête de Soursac, au-delà de la Dordogne ; elle était accompagnée d'une autre fille, et toutes les deux se promettaient bien de s'en donner à cœur-joie ; mais elles comptaient sans Dieu et sans l'eau. Point de pont sur la rivière ; une simple barque, conduite par un batelier, passait les voyageurs. Nos hardies jeunes filles n'hésitent pas un instant à monter dans la fragile nacelle, elles ne reculaient pas devant si peu ; mais voilà qu'au beau milieu de l'eau la pauvre barque se rompt, s'enfonce ; et nos danseuses, engouffrées dans les flots, de se débattre et de crier pitié. Elles allaient périr ; le nautonier pourtant fut assez heureux pour les sauver. Dans cet événement, Catherine vit un avertissement du Ciel ; elle n'hésita plus.

Pour être plus libre d'accomplir les devoirs de la vie dévote qu'elle est résolue d'embrasser, elle apprend à faire la dentelle et se fixe définitivement à Mauriac. A quelle époque ? Je n'ai pu le savoir ; mais ce que je sais bien, c'est qu'elle était locataire et dentellière dans notre ville en 1778, car dans l'acte du baptême de Jean Célarier, son cousin, fait le 20 octobre de cette année, on lit ces paroles : La marraine fut Catherine Jarrige, cousine paternelle, dentellière et locataire à Mauriac (1). Elle avait alors 24 ans.

En ce temps-là quatre congrégations de femmes

_____

(1) Très-répandue autrefois dans le pays, l'industrie de la dentelle a disparu aujourd'hui complètement.

existaient à Mauriac : celles de saint François et de saint Dominique, organisées de temps immémorial ; celle de Notre-Dame-des-Miracles, fondée dans notre ville même, en 1645, par Pierre Pommerie, curé de Mauriac, et frère du fondateur des catéchismes ; enfin celle de sainte Agnès, établie par les Jésuites à Aurillac, approuvée par le pape Clément XI en 1707, et introduite dans la cité de sainte Théodechilde par les Pères de la Compagnie de Jésus, qui dirigeaient notre collége.

Sous l'inspiration sans doute de sainte Catherine de Sienne, cette brillante étoile dominicaine, sa patronne, la fille du fermier de Doumis choisit le tiers ordre de saint Dominique. Elle se présente à M. Ronnat, curé de Notre-Dame-des-Miracles de Mauriac, et cet homme de Dieu donne à cette fille du monde l'habit de la pénitence (1).

Elle ne fut pas à l'abri des plaisanteries des mondains ; il en est toujours ainsi : aussitôt qu'une pauvre fille quitte le monde pour se vouer à Dieu, on entend se délier la langue des méchants, et toutes les langues disent des choses plates et malsaines : on

---

(1) Né à Mauriac le 2 mars 1734, Gabriel Ronnat, docteur de Sorbonne, fut successivement chanoine prébendier de Billom, curé de Saint-Sandoux, enfin curé de Mauriac en 1767, où il remplaça M. de la Rochette.

blâme ses démarches, on calomnie ses intentions;
c'est de la bigoterie, dit-on, et de la bizarrerie. Il
en était du temps de Catherine comme de nos jours;
l'humanité est toujours la même.

« Tout aussy tost, dit saint François de Sales,
» que les mondains s'apercevront que vous voulez
» suivre la vie dévote, ils décocheront contre vous
» mille traits de leur cajollerie et médisance : les
» plus malins calomnieront vostre changement d'hy-
» pocrisie, bigotterie et artifice. Ils diront que le
» monde vous a fait mauvais visage et qu'à son re-
» fus vous courez à Dieu; vos amis s'empresseront
» de vous faire un monde de remontrances fort pru-
» dentes et charitables à leur advis. Vous tomberez,
» diront-ils, en quelque humeur mélancolique;
» vous perdrez crédit au monde; vous vous rendrez
» insupportable; vous en vieillirez devant le temps;
» vos affaires en patiront; il faut vivre au monde
» comme au monde; on peut bien faire son salut
» sans tant de mystères, et mille telles bagatelles. Ma
» Philothée, tout cela n'est qu'un sot et vain babil...
» Nous avons veu des gentilshommes et des da-
» mes passer la nuit entière ains plusieurs nuicts de
» suite à jouer aux échecs et aux cartes : y a-t-il
» une attention plus chagrine, plus mélancolique
» et plus sombre que celle-là? Les mondains néant-

» moins ne disaient mot, les amis ne se mettaient
» point en peine ; et pour la méditation d'une heure
» ou nous voir lever un peu plus matin qu'à l'ordi-
» naire pour nous préparer à la communion, chascun
» court au médecin pour nous faire guérir de l'hu-
» meur hypocondriaque et de la jaunisse. On pas-
» sera trente nuicts à danser, nul ne s'en plaint ; et
» pour la seule nuict de Noël chascun tousse et crie
» au ventre le jour suivant. Qui ne voit que le monde
» est un juge inique, gracieux et favorable pour ses
» enfants, mais aspre et rigoureux aux enfants de
» Dieu... Quand il ne peut accuser nos actions, il
» accuse nos intentions : soit que les moutons ayent
» des cornes ou qu'il n'en ayent pas, qu'ils soient
» blancs ou qu'ils soient noirs, le loup ne laissera
» pas de les manger s'il peut. Quoi que nous fassions,
» le monde nous fera toujours la guerre... Laissons
» cet aveugle, Philothée ; qu'il crie tant qu'il voudra
» comme un chat-huant pour inquiéter les oiseaux
» du jour ; soyons fermes en nos desseins, invaria-
» bles en nos résolutions. Nous somme crucifiés au
» monde et le monde nous doit être crucifié ; il nous
» tient pour fols, tenons-le pour insensé (1) »

La jeune dentellière méprisa tous les mépris. Le

(1) *Introduction à la vie dévote.*

jour de la profession venu , elle en prononça la formule agenouillée devant le prêtre et devant Dieu :

« A l'honneur de Dieu tout-puissant, Père , Fils
» et Saint-Esprit, de la bienheureuse Vierge Marie
» et de saint Dominique, moi, Catherine Jarrige,
» en votre présence, mon père directeur du tiers
» ordre de saint Dominique établi en cette ville de
» Mauriac , fais ma profession et promets que je
» veux vivre selon la règle et les statuts du tiers or-
» dre des frères et des sœurs de la pénitence de saint
» Dominique, jusqu'à la mort. »

Le prêtre alors lui donne l'anneau bénit en disant :
« Je vous marie à Jésus-Christ le Fils du Père très-
» haut, qui vous gardera intacte ; recevez donc cet
» anneau, qui est le symbole de la fidélité, et vous
» serez l'épouse du Saint-Esprit, si vous le servez fi-
» dèlement et en toute pureté, au nom du Père, du
» Fils et du Saint-Esprit. Amen (1) »

C'est là le sacré mariage d'une âme avec Dieu, dont l'amour et les joies sont si bien exprimés et manifestés aux yeux par les symboliques cérémonies et les augustes prières de l'Église : cerémonies et prières où tout parle et où chaque bénédiction fait descendre Dieu vers l'âme et monter l'âme vers Dieu.

(1) Ancienne règle.

Catherine, la pieuse fille, goûta du bonheur spirituel au jour de ces noces spirituelles. Ce bonheur
toutefois ne dura pas toujours. Jaloux de sa félicité,
le démon avec persistance essaya de rompre l'union
sainte, d'enlever l'épouse à l'époux. Pour conserver
son cœur pur, la jeune Dominicaine mortifiait ses
sens, car elle savait que la mortification est pour la
pureté ce que le sel et le sucre sont pour les chairs
et les fruits, un salutaire préservatif de la corruption.
Elle bridait aussi son imagination ardente, car elle
savait encore que cette *folle du logis*, grossissant les
objets, représente, le diable aidant, les voluptés
comme infiniment plus délicieuses qu'elles ne sont
en réalité, de sorte que, troublées par elle, bien des
âmes vont s'y perdre à jamais, semblables « au petit
» papillon qui, voyant la flamme, va curieusement
» voletant autour d'icelle pour essayer si elle est
» aussi douce que belle, et, pressé de cette fantaisie,
» ne cesse point qu'il ne se perde au premier
» essay (1). »

Le grand ennemi de Catherine fut la danse. Dans
les premiers mois de sa profession, elle s'en priva
sans effort, car encore elle goûtait délicieusement ce
lait de la suavité divine que Dieu accorde d'abord à

(1) Saint François de Sales.

ceux qui s'immolent à son amour ; la voix douce et harmonieuse du céleste époux retentissait encore à ses oreilles ; mais bientôt l'époux sembla s'éloigner de l'épouse. Dieu agit toujours ainsi à l'égard de ses saints ; il les éprouve dans les tribulations ; il leur retire ses douceurs, et, pour les rendre dignes d'une plus belle couronne, il leur donne le calice à boire et le Calvaire à gravir.

La bonne sœur sentit donc bientôt le démon de la danse se remuer de nouveau dans les abîmes de son cœur. Elle en fut étonnée ; c'était une peine, un fardeau que cette lutte qu'elle était obligée de soutenir contre elle-même. Mais le divin Maître la laissait se tourmenter et patir. La perfection ne s'acquiert pas dans un jour ; avant d'être grande abeille il faut être petite mouche. Ce n'est pas en trois mois que l'on s'élève à la hauteur de sainteté à laquelle monta Madame de Chantal, cette mère-abeille de la Visitation, comme l'appelait le spirituel saint François de Sales. L'important dans ce travail divin est de ne pas se décourager ; Catherine ne se découragea pas. Se désoler, se désespérer, quand on ne marche pas selon ses désirs dans le chemin de la perfection, est une grande faiblesse, un grand malheur. Que les âmes pieuses se méfient de ces sortes de tentations, et se rappellent que le découragement est le fait du malin esprit, qui, furieux de voir une âme devenir sainte, crie, hurle et clabaude autour de cette pauvre âme pour l'arrêter dans son chemin.

« Ne vous troublez pas, ma fille, dirai-je avec
» l'évêque de Genève; laissez enrager l'ennemi
» à la porte; qu'il heurte, qu'il bucque, qu'il crie,
» qu'il hurle et fasse de pis qu'il pourra. C'est bon
» signe qu'il fasse tant de bruit et de tempêtes au-
» tour de la volonté; c'est signe qu'il n'est pas de-
» dans... Et pour cela, ma bonne sœur, faut-il
» s'inquiéter, faut-il changer de posture? O Dieu!
» nenni. C'est le diable, vous dis-je, qui va partout
» autour de notre esprit furetant et brouillant pour
» voir s'il pourrait trouver quelque porte ouverte. Il
» faisait cela avec Job, avec saint Antoine, avec
» sainte Catherine de Sienne et avec une infinité de
» bonnes âmes que je connais, et avec la mienne, qui
» ne vaut rien et que je ne connais pas. Et quoi!
» pour tout cela, ma bonne fille, faut-il se fascher?
» Laissez-le se morfondre et tenez toutes les avenues
» bien fermées; il se lassera enfin, ou, s'il ne se
» lasse, Dieu lui fera lever le siége (1). »

C'est ce que faisait Catherine; elle laissait le démon de la danse se morfondre à la porte de son

(1) Lettres,

2.

cœur. Une fois pourtant, elle faillit être victime de ses ruses perfides.

Le 24 février 1786, trois ans avant la révolution, M. Ronnat bénissait le mariage de la sœur aînée de notre dominicaine, de Jeanne, domestique à Cressensac, chez le fermier Chadefaux, son cousin, et d'Annet Guillaume, né à Saint-Donat en Limousin, garçon bouvier au village de Boulan. Toute la famille était au festin de noces que l'on prit chez Bouyges, aubergiste à Mauriac. Catherine n'*avait pu y tenir.* Elle y était aussi. Il faut l'avouer, elle l'avouait elle-même humblement, la pauvre sœur, dans cette circonstance, oublia toutes ses bonnes résolutions. Elle dansa jusqu'à épuisement de force ; elle se retira la dernière du bal et rentra enfin chez elle, haletante. C'est là que Dieu l'attendait. Elle veut dormir, cherche le sommeil, fait des efforts, tout est inutile ; les remords, des regrets, de noires tristesses s'emparent de son âme ; Dieu lui parle avec sévérité. La nuit fut affreuse. Ne sachant que devenir, elle court à la première aube du jour à l'église de Notre-Dame. « Là, racontait-elle dans la suite, agenouillée aux » pieds de la bonne Vierge, je ne fis que pleurer ; » j'éprouvai pourtant une grande consolation, et je » compris que je ne danserais plus » Catherine ne dansa plus.

En racontant cet épisode de sa vie, qu'elle appelait sa conversion, elle ajoutait naïvement : « Oh! » que le diable est fort! Le plus grand sacrifice que » j'ai fait en ma vie, disait-elle encore, est celui de » la danse. »

Nous ne connaissons pas toutes les luttes intérieures que Catherine eut à soutenir ; mais s'il est vrai qu'on n'arrive à la sainteté que par la tribulation, à la paix que par la guerre, en voyant l'austérité de Catherine, la sérénité de son âme, la douceur de son caractère durant les cinquante dernières années de sa vie, nous pouvons conclure que, durant les premières, ses sacrifices et ses combats furent nombreux et terribles.

Après l'horrible nuit qui lui coûta tant de larmes, la Menette n'eut d'autre goût que celui de la prière, d'autre désir que celui de se dévouer au service de Dieu, des malades et des pauvres. Elle s'y dévoua *en désespérée*. Une de ses sœurs étant tombée malade, elle quitta tout pour la servir. « C'est de là » que date l'exercice de cette charité admirable à » laquelle elle voua tous ses jours ; la retraite, que » la maladie de sa sœur l'obligea de garder, fut » l'école où la charité chrétienne lui révéla toutes » ses ressources et tous ses secrets. Elle prit dès lors » la résolution de ne vivre que pour les malheureux,

» s'estimant heureuse de leur sacrifier son repos , sa
» santé, sa vie entière. Depuis elle n'a pas été un
» moment trouvée infidèle à son héroïque réso-
» lution (1). »

Quand la révolution commença, Catherine était
prête pour les grands sacrifices , les nobles dévouements, et la ville de Mauriac connaissait déjà cette
pauvre menette de taille moyenne, qui passait dans
les rues , habillée de noir, avec un tablier de tiretaine , la tête couverte d'une coiffe qui s'épanouissait sur les épaules en forme de queue éparpillée de
pigeon.

(1) Rapport à l'Académie française.

CHAPITRE III.

Catherine avait trente-cinq ans quand la révolution commença. C'est pendant ce cruel bouleversement de toutes choses qu'elle déploya toute l'ampleur de sa charité et montra un zèle infatigable avec une activité prodigieuse. La révolution fut l'âge héroïque de la courageuse sœur.

Des hommes mécontents, ambitieux, sous prétexte de réformes, renversèrent le gouvernement légitime, tuèrent le roi, la reine, les nobles, tuèrent les prêtres, les femmes par milliers, massacrèrent tout ce qu'il y avait d'honnête en France, et, enrôlant tout ce qu'il y avait de bandits, organisèrent un gouvernement de scélérats et versèrent le sang le plus pur sans relâche et sans mesure. Toute la fleur d'une civilisation y périt. Le royaume fut horriblement bouleversé et les vieilles institutions détruites. C'est ce qu'on appelle la Révolution. Elle dura dix ans, les dix dernières années du dix-huitième siècle.

Dès le commencement, à Mauriac comme dans toute la France, la population fut dans une surexcitation fiévreuse. De vagues et terribles récits circulaient dans les rues; on parlait de Bastille démolie, de brigands armés qui couraient les campagnes, brûlant les maisons, enlevant les troupeaux, saccageant les moissons. On organisait la garde nationale, les administrations nouvelles (1). Les clubs, les sociétés populaires, les comités patriotiques commençaient à se former, à faire du bruit. La fermentation était à son comble. On menaçait de raser les châteaux, de niveler toutes les classes sociales et de se ruer contre tout ce qui portait armoiries, crosse, froc et capuchon. Le tocsin sonnait dans toutes nos montagnes. C'était *l'annado de las pours*. Cette effervescence subite, ce langage nouveau remplirent Catherine de stupeur. Que signifient ces vociférations:

---

(1) En 1790 la France fut divisée en départements, gouvernés, chacun, par trente-six administrateurs; chaque département fut subdivisé en districts (ou arrondissements) gouvernés, chacun, par une administration de douze membres. Le Cantal eut quatre districts dont les chefs-lieux furent: Aurillac, Murat, Saint-Flour et Mauriac. Mauriac à cette époque, possédait un couvent de bénédictins, un monastère de religieuses dominicaines et un collège royal, tenu par des prêtres séculiers depuis l'expulsion des Jésuites en 1762. Le bailliage (tribunal) était alors à Salers.

Vive la liberté! Mort aux aristocrates! A bas les prêtres et les nobles! L'imagination de la pauvre fille s'enflamme.

Il y avait à Salers, dans une maison de missionnaires, un vieux prêtre, en qui elle avait toute confiance, François Lavialle, oncle de M. l'abbé Lavialle encore vivant. Elle va le trouver et lui demande ce que signifie ce bruit qu'elle entend, ce mouvement qu'elle voit. « Ma bonne sœur, lui dit le saint mis-
» sionnaire, ne vous désolez pas ; vous avez peur
» qu'il n'y ait bientôt plus de prêtres ! Il en aura
» toujours : la Providence est là ; elle y pourvoira.
» Nous passerons par des épreuves, c'est possible ;
» mais ne craignez pas, Dieu aura toujours le des-
» sus. » Catherine se retire un peu rassurée. Chemin faisant sur les montagnes, elle s'arrête fatiguée, s'assied à côté d'une pierre et s'endort. Elle a raconté depuis, avec une grande candeur, que là, derrière ce rocher de la montagne, elle avait eu le pressentiment certain de tous les malheurs et désastres qui arrivèrent dans la suite.

Aux douleurs que lui causait la révolution de jour en jour plus menaçante, vinrent s'ajouter des douleurs de famille. Dieu se plaisait à éprouver sa servante. Sa sœur était toujours malade, et son père, le bon vieux Jarrige, quittait chrétiennement ce monde, à Cressensac, le 28 décembre 1790, âgé de soixante-dix-sept ans. Heureux père qui laissait sur la terre une fille toute de suave charité !

Cependant, prise de la fureur de détruire, l'Assemblée nationale décréta cette fameuse *constitution civile du clergé*, qui n'était rien moins que la destruction de la Religion et de l'Église en France. Elle exigea bientôt que les prêtres prêtassent serment d'obéir à cette loi inique, sous peine d'exil hors du royaume d'abord, et plus tard sous peine de mort. On vit alors plus de trente mille prêtres sortir de France pour sauver leur foi et leur vie.

Parmi les prêtres courageux qui, à Mauriac et dans les paroisses voisines, refusèrent de se séparer de l'Eglise, je nommerai ici : M. Ronnat, curé, qui se sauva en Espagne ; Pierre Fouilhoux, d'Auzers, principal du collége, qui émigra en Suisse avec trois de ses frères, prêtres : Antoine, professeur de rhétorique à Mauriac ; Dominique-Antoine, dominicain à Clermont, et Guillaume, professeur à Billom ; puis Antoine Teissier, professeur de philosophie ; Gaspard Counil, professeur de troisième ; Etienne Leymonie, professeur de quatrième ; Antoine Chevalier, professeur de cinquième ; Antoine Chinchon (qu'il ne faut pas confondre avec un autre du même nom), professeur de sixième ; Virbonnet, instituteur à Mauriac ;

Antoine Sédillot, de Mauriac ; François et Géraud Lavialle, du Vigean ; Jacques Déribier, de Jaleyrac, vicaire de Saint-Paul ; Pierre-Martin Peyralbe, de Chalvignac ; Peyrié, curé de Chalvignac ; Antoine Pedebeuf, de Moussage ; Joseph Bachélerie, de Moussage ; Antoine et Pierre Périer, frères, curé et vicaire du Vigean ; François Filhol, vicaire de Drugeac ; Pierre Mailhes, de Saint-Martin ; Blanc, de Fontanges ; Pierre Mathieu, de Condamine, etc.

Ces confesseurs de la foi se cachèrent dans le pays ; ceux qui quittèrent la patrie, poussés à outrance par la fureur révolutionnaire, s'en allaient, déguisés, les uns en chaudronniers, les autres en savetiers, en marchands de dentelles, en aiguiseurs de rasoirs et de ciseaux. Quelques-uns rentrèrent avant la fin de la révolution et furent encore obligés de se cacher. Catherine rendit à tous des services importants. Les prêtres qui restèrent dans nos montagnes pendant la terreur, fuyaient dans les forêts, s'enfonçaient dans les plus noires solitudes de la Dordogne et de l'Auze, cachaient leurs têtes proscrites dans les caves, dans la paille des granges, sous les planchers de la toiture, dans les pigeonniers, sous les hangars, dans les souterrains ou les chaumières isolées sur la lisière des bois. Il y avait dans le pays un nombre considérable de cachettes ingénieusement inventées : presque chaque maison avait la sienne, les bois avaient les leurs. Les pauvres prêtres n'habitaient pas longtemps la même; ils allaient de l'une à l'autre, couraient par les paroisses, déguisés en bourgeois, en marchands, en femmes, en vachers, confessant, administrant les malades, célébrant le saint sacrifice dans les maisons, les granges, les forêts.

Mgr de Bonal, évêque de Clermont (1), par une instruction pastorale datée du mois de mars 1791, leur avait donné tous les pouvoirs nécessaires dans ces temps difficiles. Ils en usèrent largement pour le salut des âmes. Ils travaillaient avec une ardeur d'apôtres, un courage de héros. En voici une preuve d'autant plus convaincante qu'elle nous est fournie par les révolutionnaires eux-mêmes. Pour comprendre le langage de cette époque, il est nécessaire de savoir qu'on appelait noir ce qui était blanc et blanc ce qui était noir; ainsi la religion était nommée *fanatisme, superstition;* les bons prêtres, *prêtres pervers, fanatiques, aristocrates, réfractaires, perturbateurs du repos public*, etc., etc. Les jureurs au contraire étaient appelés *bons prêtres, prêtres patriotes,* etc. Cela dit, voici l'éloquent morceau :

_____

(1) L'arrondissement de Mauriac a fait partie du diocèse de Clermont jusqu'à la fin de la révolution.

« Le fanatisme est industrieux ; les chapelles do-
» mestiques, les maisons, les chambres, les gre-
» niers, les caves, les lieux les plus abjects ont été
» substitués aux églises et chapelles. Partout ces
» prêtres pervers ont célébré les divins mystères ;
» partout ils ont offert le saint sacrifice de la messe ;
» partout enfin ils ont exercé des fonctions que les
» lois leur prohibent. Les citoyens, les femmes ont
» été exhortés à se confesser à eux en tous lieux,
» dans les chambres, dans les bois, derrière les
» buissons (1). »

Ainsi se dévouaient avec ardeur, avec amour,
sans crainte de la mort, pour le bien des âmes, le
salut de la Société et de l'Eglise de Dieu, nos confesseurs de la foi, nos martyrs, ces *prêtres pervers*,
que l'on poursuivait d'une haine d'enfer, et qu'on
tâchait de rapetisser par d'âcres pamphlets où l'on
jetait de tout, colère, mensonge et boue. Catherine
fut pendant près de dix ans une seconde Providence
pour ces malheureux proscrits de la société humaine.
Elle se dévoua à leur service avec la générosité d'une
vraie sainte.

Les jureurs étaient traités d'une tout autre ma-

---

(1) Procès-verbal des séances de l'assemblée départementale tenue
à Aurillac, en décembre 1791, page 15.

nière. Elus curés par les assemblées électorales, ils s'introduisaient sans pouvoir et sans mission dans les paroisses, à la place des pasteurs légitimes, d'où le nom d'*intrus* qu'on leur donnait. Lorsque les églises furent pillées, fermées ou démolies en 1793, ils se retirèrent dans leurs familles, où ils vécurent pour la plupart assez paisiblement, munis d'un certificat de civisme.

Quand on considère cette vie de proscrits que menaient les bons prêtres dans nos contrées, la surveillance rigoureuse exercée sur eux et sur les fidèles, les traitements barbares infligés aux uns et aux autres, lorsqu'ils étaient surpris faisant quelque acte de religion, on comprend le grand avantage, la nécessité même pour le pasteur et les ouailles d'avoir, sous la main et à leurs ordres, une personne de confiance, discrète, dévouée, allant des fidèles aux prêtres et des prêtres aux fidèles, pour leurs besoins communs, sans compromettre personne; connaissant les solitudes des bois, les maisons hospitalières où se cachaient les fugitifs, afin de les trouver en temps opportun.

Eh bien! Catherine se trouva là précisément telle qu'il la fallait, comme préparée par la divine miséricorde pour ce ministère de dévouement et de prudence.

Au commencement de la révolution, elle servait

les pauvres, les malades. Naturellement cette vie de charité la mit en rapport avec les prêtres et les familles, qui, pleins d'estime pour sa haute vertu, mirent à contribution son héroïque dévouement dans ces temps de défaillance générale, surtout lorsque l'Assemblée nationale eut décrété la peine de mort contre les recéleurs de prêtres.

Les prêtres lui confiaient les missions les plus délicates, lui dévoilaient sans crainte leurs secrets, lui disaient la paroisse, la maison, la cachette où ils devaient se trouver telle semaine, tel jour ; l'informaient de leurs voyages, de leurs arrivées, de leurs départs, de leurs marches et contre-marches.

Obligées à une grande circonspection, les familles chrétiennes, de leur côté, se servaient d'elle comme d'une messagère habile et sûre, heureuses d'avoir à leur service, pour leurs bonnes œuvres, une fille si dévouée, qui ne craignait pas de voyager la nuit, et qui allait par la neige, le vent ou la chaleur. Avaient-elles un mariage à bénir, un malade à confesser, un enfant à baptiser, elles faisaient un signe à Catherine, et la courageuse Menette partait à l'instant, fût-il dix heures de la nuit. Elle revenait avec un prêtre ; où l'avait-elle trouvé ? C'était son secret.

Elle avait cent petites ruses, mille petites recettes pour déjouer adroitement les complots des patriotes,

tromper leur vigilance ou leur donner le change.
La bonne fille réussissait d'autant mieux, que son
adresse était voilée, gazée de douce naïveté et de
grande bonhomie. Elle avait l'air *de ne pas y toucher,* de sorte que nul au monde ne se méfia d'elle
d'abord, et que les administrateurs du district de
Mauriac ne crurent jamais dans les commencements
qu'une Menette de si piètre apparence fût capable
de leur jouer des tours.

La généreuse dominicaine allait quêter chez les
dames, chez les aristocrates, même chez les révolutionnaires modérés. Elle partageait le produit de
sa ronde de charité entre les nécessiteux et les ecclésiastiques, qui, poursuivis par les gendarmeries,
fuyaient dans les forêts. En outre, elle donnait le
signal d'alarme quand ceux-ci étaient en danger.
Elle portait d'un lieu à un autre les vases sacrés,
les ornements sacerdotaux; elle épiait, écoutait,
voyait, avait l'œil à tout : rien ne lui échappait, ni
les complots qui se tramaient dans l'ombre, ni les
perquisitions qui s'organisaient au chef-lieu du district. A mesure que l'orage révolutionnaire redoublait de fureur, elle redoublait d'énergie.

Elle étendait sa charité aux prêtres de toutes les
paroisses voisines; on la voyait passer dans les
plaines et les vallées du Vigean, d'Arches, de Jal-

layrac, de Sourniac, de Chalvignac, s'enfonçant dans les rochers de la Sumène, où l'on voit encore la *cabane des prêtres*. Elle franchissait la vallée d'Auze qui sépare le canton de Mauriac de celui de Pleaux, et visitait les communes échelonnées sur ses côtes : Brageac, Chaussenac, Ally, Scorailles, Drignac, Salins et Anglards. La route de Mauriac à Pleaux, tracée en 1770, était à peu près impraticable, et ce ne fut qu'en 1794 qu'on construisit un pont sur la rivière. Avant comme après cette construction, Catherine passait l'eau, tantôt sur un point, tantôt sur un autre, la nuit comme le jour, au risque de périr.

Je ne puis m'expliquer le courage héroïque de cette femme, dans de pareils voyages, que par une assistance divine; car la vallée d'Auze est une vallée profonde, horrible, couverte sur ses deux rives de forêts qui s'étendent sur les coteaux jusqu'aux plaines, parsemée de solitudes désolées, où circulent, tortueux et rapides, quelques mauvais chemins, boueux, pierreux, servant de lit aux torrents et aux orages : forêts et solitudes où de tout temps des arrestations et des assassinats ont eu lieu, et où, en conséquence, l'imagination populaire s'est toujours complu à créer des fantômes debout sur les rochers pour effrayer les passants.

Rien n'épouvantait Catherine. Seule, la nuit, elle passait là où l'homme le plus robuste craint encore aujourd'hui de passer dès que le soleil a disparu de l'horizon.

— Mais, Menette, lui demandait-on plus tard, est-ce que vous n'aviez pas peur dans les bois, toute seule, la nuit? — Oh! non, répondait-elle; en partant de Mauriac, je faisais mon acte de contrition, je mettais mon chapelet à la main, et je m'en allais. Et puis, je n'étais pas seule. — Comment, vous n'étiez pas seule? — Oh! non. — Qui donc était avec vous? — Le bon Dieu.

Pour n'être pas reconnue, Catherine usait de ruse : elle prenait des allures de révolutionnaire, se mettait une cocarde au chapeau, chantait la *Marseillaise* ou le *Ça ira*. Quand, à cause de l'obscurité de la nuit, elle perdait le chemin de la caverne où étaient blottis les prêtres fugitifs, elle poussait un cri ou frappait sur une pierre. Ce cri, ce coup était entendu, compris par les ecclésiastiques, qui s'empressaient de répondre par le même signal. La Menette suivait la direction du bruit, et, après avoir pataugé dans la boue une partie de la nuit, elle parvenait enfin à rencontrer ceux qu'elle cherchait. Elle vidait ses poches, son tablier, son panier, et repartait à la hâte, afin d'être de retour à Mauriac avant le jour.

Souvent Catherine passa la nuit dans les forêts. Une fois, en compagnie d'une femme, elle était allée prévenir les prêtres d'au-delà de l'Auze de l'arrivée de la gendarmerie. Dans leur retour, arrivées au roc de Maze, dans l'ombreuse vallée, les deux voyageuses voient tout à coup sur le chemin une bête blanche : c'est le chien d'un gendarme, elles le reconnaissent. — Cachons-nous, dirent-elles, la gendarmerie est là. C'était la nuit : le chien aboie de plus belle. — Nous sommes perdues! dit la femme. — Non, répondit la Menette, prions Notre-Dame-des-Miracles, et enfonçons-nous plus avant. Les gendarmes crurent que le chien aboyait après quelque renard, ils passèrent leur chemin. Mais les bonnes femmes s'étaient tellement enfoncées dans le fourré du bois, qu'elles ne purent plus retrouver leur route et furent obligées de coucher à la belle étoile. Catherine n'en perdit pas la joie; elle avait la vocation du sacrifice. Elle s'en allait, faisant monter vers Dieu, avec un égal amour, l'expression de ses alarmes et le cantique de ses joies.

Quand elle arrivait en plein jour de quelque lointain voyage, elle avait soin, pour donner le change aux patriotes, de former dans la campagne un petit fagot de bois, le mettait sous le bras, et entrait ainsi dans la ville, laissant croire qu'elle venait uni-

3

quément de ramasser dans les chemins de quoi allumer son feu.

Lorsque, dans ses courses, elle voyait venir de loin quelqu'un à mine un peu suspecte, elle disparaissait un moment, s'enfonçait dans le bois ou courait derrière quelque buisson, déposait bien vite ce qu'elle portait, et continuait tranquillement sa route. Quand l'étranger était passé, la Menette rétrogradait, reprenait son précieux fardeau, les vases sacrés et *la pierre de marbre* (pierre sacrée), comme elle disait, et arrivait heureusement au village solitaire où, la nuit, devait être célébré le saint sacrifice.

À Mauriac, les patriotes trouvaient grande joie à lui faire peur. — Où allez-vous, Catinon? lui criaient-ils, avec l'accent et la mine d'un Iroquois qui poursuit un ours. — Je vais faire ce que j'ai à faire, répondait Catherine d'une voix qui avec la leur formait un singulier contraste. — Vous allez voir quelque aristocrate, quelque calottin? Prenez garde, Menette, on vous mettra dedans. — Vous me mettrez dedans? Ah! vraiment la belle emplette que vous ferez! Et toute souriante elle continuait son chemin.

Parfois elle répondait : Vous voulez me mettre en prison? Tant mieux! vous serez obligés de me donner du pain : ça m'ira bien ; je n'en ai pas trop.

Ou bien elle disait avec une apparence de mauvaise humeur : Mettez-moi dedans, ça m'est bien égal ! Vous serez bientôt fatigués de moi. Je n'ai pas peur de vous ! — Et elle s'en allait en fermant son poing et brandissant son bras.

Plusieurs fois, en effet, elle fut mise en réclusion, non pas précisément à cause de sa charité pour les malheureux, car au commencement de la révolution il y avait encore un peu d'humanité dans le cœur des patriotes, mais parce que, *fanatique* elle-même, elle soutenait et encourageait le *fanatisme*, et secourait les prêtres *réfractaires*, c'est-à-dire, en langage ordinaire, parce qu'elle était pieuse, portait secours aux bons prêtres et procurait les sacrements aux malades. Rien ne la décourageait ; elle continuait son œuvre, invincible dans le danger, humble dans le succès, résignée dans la fortune adverse.

Malgré ses finesses, Catherine se laissait surprendre quelquefois ; elle se tirait d'embarras par des saillies spirituelles ou la hardiesse de ses réponses. Un jour elle fut arrêtée au pont d'Auge. Elle n'eut pas le temps de cacher son panier qui contenait une boîte à hosties. Les démagogues examinent cet objet. — Que mettez-vous là ? lui disent-ils. — Mon tabac, répond vivement la Menette. Elle est sauvée ;

mais, dans la suite, ces légers mensonges tourmen-
taient sa conscience.

Un jour les hommes de la Révolution la rencontrent sur un chemin. Son tablier était rempli ; ils
crurent avoir fait une bonne rencontre. — Que por-
tez-vous là, citoyenne? disent ces démocrates. —
Ce que je porte? Vous êtes bien curieux!... Je porte
des calices, des pierres sacrées, des ornements...
Désirez-vous les voir? Tenez, les voilà. Et elle ouvre
son tablier plein de paille, et d'herbes sèches. Se
voyant joués, les patriotes continuent leur chemin,
et Catherine le sien, bien joyeuse, la bonne fille ;
car dans la paille et le foin, il y avait un calice.

Lorsque « ces hommes de proie, qui mettaient la
main dans le sac et dans le sang (1), » la rencontrant
nuitamment dans les rues de la ville ou sur les rou-
tes, lui criaient : *Qui vive?* elle gardait son sang-
froid, faisait bonne contenance, et déguisant sa
voix : *Amis, citoyens sans-culottes*, répondait-elle ;
puis, continuant son chemin, elle s'enfonçait dans
les ombres de la nuit, chantant gaillardement, avec
l'entrain d'un forcené démagogue :

Ah! ça ira, ça ira, ça ira, les aristocrates à la lanterne!
Ah! ça ira, ça ira, ça ira, les aristocrates on les pendra!

(1) *La Révolution du Cantal*, p. 100.

CHAPITRE IV.

Le monde au milieu duquel vit Catinon-Menette. — Une folle improvisée. — Les cuivrettes - poches. — Le brigadier Barré. — Plusieurs prêtres sauvés par la Menette.

En 1789 et en 1790, le désordre fut grand ; il fut au comble durant les quatre années qui suivirent. La terreur allait toujours croissant ; partout des craquements sinistres, une dissolution générale ; tout œil voyait la fureur grandir et l'anarchie monter. Au mois d'octobre 1791, l'Assemblée constituante fut remplacée par l'Assemblée législative, et la Convention succéda à cette dernière le 21 septembre 1792. Chaque Assemblée ajoutait de sa fureur aux fureurs de la précédente. La Convention abolit la royauté, proclama la république, et coupa la tête à Louis XVI. La force était le droit ; et le caprice, la loi.

A Mauriac comme ailleurs, les terroristes eurent plein pouvoir et pleine liberté. Ils y amoncelaient les ruines : les religieuses dominicaines étaient chassées de leur couvent (1), les bénédictins de leur monastère ; l'hospice était désorganisé, le collége fermé, la noblesse et le clergé dépouillés de leurs biens. Le clocher de l'église de Notre-Dame-des-Miracles et la haute tour carrée de la belle basilique des Bénédictins croulaient aux grands applaudissements de la démagogie triomphante et au nom de la sainte égalité. La chapelle des Pénitents devenait la salle où la société populaire tenait ses séances. On transformait l'église du collége en salle de théâtre. Les trois chapelles rurales de Saint-Mary, de Saint-Luc et de Saint-Thomas étaient vendues par la nation et en partie démolies ou transformées en habitations. Les bâtiments du collége, du couvent et du monastère, servaient de logement à la gendarmerie, de salles aux divers corps administratifs, aux clubs, aux fêtes nationales : rien ne résistait au vandalisme révolutionnaire, et l'impiété toujours croissante opérait la hideuse transformation de l'église de Notre-Dame en *temple de la Raison*, où

---

(1) Les religieuses bénédictines du couvent royal de Brageac, à une heure de Mauriac, eurent le même sort.

déraisonnaient sans mesure de burlesques prédica-
teurs. Déjà profanés par les jureurs, les ornements
des diverses églises étaient traînés dans la boue ;
brûlés dans des feux de joie, ou donnés par le représentant Bo à la société populaire pour servir aux
mascarades et aux farandoles.

La peur glaçait toutes les âmes; les prisons étaient
pleines (1); les pauvres mouraient de faim; les nobles et les riches honnêtes étaient volés, assassinés,
envoyés à Paris à la guillotine; les paysans, pillés au
nom de la nation (2). Des commissaires passaient
dans les maisons, et désignaient ce que chaque pro-

(1) La *Révolution du Cantal*, page 73.

(2) Citons quelques traits pris au hasard dans la *Révolution du Cantal*. Les révolutionnaires extorquaient l'argent des citoyens, en les menaçant de les « envoyer au tribunal de sang. » Ainsi ils exigèrent « de Lapachevie, 10,000 francs; de la veuve Fontanges, en numéraire ou en assignats, environ 12,000 fr., une bague à pierres blanches montées en or, un coulant en or avec l'écrin ; de Sartiges, environ 7 à 8,000 livres; de Montclar, 200 louis en or... » (P. 42.) — On exigea de Souniac, marchand, pour la délivrance de son frère, qui était en réclusion, « prêtre infirme et reconnu tel par certificats, 7,000 fr., une pièce de toile de 32 aunes et une douzaine de mouchoirs. » (P. 32.) — Un administrateur d'un des districts du Cantal, qui se trouvait à Paris, impatient de ne pas voir arriver depuis quelques jours d'aristocrates pour la guillotine, écrivait à un de ses amis : « Que fait-on des nouveaux reclus? Je n'en vois pas arriver, c'est bien dommage; il me tarde de les voir passer, la tête à la fenêtre : autant il en viendra, autant de foutus... » (P. 10.) L'ami répondait : « Tout est ici dans la terreur... » (P. 53.)

priétaire devait fournir aux soldats ou porter aux marchés, en grain, chanvre, laine, lard, beurre, etc. C'est ce qu'on appelait faire des réquisitions; elles étaient violentes, il fallait s'exécuter : une misère sans pareille pesait sur le pays. Le comité révolutionnaire, cette bande de vrais brigands, qui eut en main, pendant près de trois ans, la direction des affaires dans le Cantal, y exerça les plus affreuses concussions, et, répandu dans le département comme un réseau de fer, y commit des atrocités qui font frémir.

« Il avait à ses ordres une armée révolutionnaire;
» des détachements allaient sans cesse enlever aux
» citoyens leurs bourses, leurs bijoux, leurs meu-
» bles... On cite des taxes odieuses imposées dans
» le district de Mauriac sur des agriculteurs, des
» veuves, des malheureux. Le coquinisme a exercé
» impunément ses ravages... Le système affreux de
» Robespierre affligeait le département du Cantal
» plus que toute autre partie de la République; des
» scélérats y trafiquaient de la manière la plus in-
» fâme de la liberté, des biens et de la vie de tous
» les citoyens. Ils emprisonnaient ceux qui jouis-
» saient d'une fortune légalement acquise, pour les
» dépouiller, et se débarrassaient souvent de ces
» témoins de leurs concussions en les envoyant au

» tribunal de sang. Ils faisaient aussi égorger de la
» même manière de pauvres sans-culottes dont ils
» redoutaient la surveillance (1). »

Tel était le monde au milieu duquel vivait la courageuse Catherine. C'était une douce brebis au milieu des loups. Elle bravait leur fureur, et, sans
crainte, sans faiblesse, elle continuait ses bonnes
œuvres, courant après les prêtres, les malades, les
prisonniers, apportant à tous des consolations, des
remèdes et du pain. Le pain se vendait dix-huit
sous la livre (2). Catherine mourait de faim comme
tant d'autres; et pourtant, par ses quêtes inces-
santes, elle nourrissait des familles entières. Tant
qu'elle pouvait, elle portait allégement à la misère
inouïe de cette masse de malheureux que la Révolution sans pitié jetait dans les cachots et sur tous
les chemins. « La multitude des mendiants de l'un
» et de l'autre sexe répandus dans le département
» du Cantal, est, pour ainsi dire, incalculable; on
» n'en peut voir le tableau sans douleur; ce nombre,
» dans certaines paroisses, est de près d'un tiers (3). »

(1) La *Révolution du Cantal*. — « En 89, dit Victor Hugo, la
France a rêvé un paradis; en 93, elle a réalisé un enfer. »

(2) Discours d'un démagogue prononcé à Mauriac.

(3) Procès-verbal des séances de l'assemblée départementale de
1790, page 151.

Au milieu de cette misère générale, Catherine était héroïque de charité, et cependant les révolutionnaires lui en voulaient comme ils en veulent à tout ce qui est dévot, à tout ce qui vient de Dieu.

Le divin Maître le permettait ainsi, afin que sa fidèle servante, par ces tribulations multipliées, acquît un mérite plus grand, une gloire plus belle.

Nous n'avons pas dit tous les talents, toute l'adresse qui furent déployés dans cette résistance d'une pauvre fille aux brigands sur le trône.

A bout de ressources, Catherine se mettait à faire la folle. Pour en finir au plus vite avec certains badauds à mine embabouinée, qui n'en finissaient pas avec leurs gentillesses de tigre et leurs questions interminables, elle se renfermait dans un mutisme à peu près absolu. A la première question, elle répondait : *Niquo;* à la seconde, *Niaquo;* à la troisième, elle recommençait *Niquo*, et ainsi de suite, jusqu'à ce que, fatigués et ne sachant que faire d'une pareille idiote, les malencontreux interlocuteurs la laissassent en paix. Elle s'amusait de leur dépit.

Un jour les gendarmes la rencontrèrent dans les bois de Saint-Jean; elle venait de porter à manger à quelques prêtres cachés dans une caverne. — D'où venez-vous, Catinon? lui disent ces hommes d'ar-

mes. — Je viens de par là, répond la Menette. —
Où allez-vous? — Par là. — Où donc, par là? —
Éh! Messieurs, par là... devant moi... — Voyons,
Menette, voyons, reprit le gendarme, en mordil-
lant sa moustache de chat, expliquez-vous claire-
ment; d'où venez-vous? — Je viens de par là. Ils
eurent beau maugréer, tonner, ces hommes, ils ne
purent lui arracher aucune autre parole.

Dans ses évolutions, prise en flagrant délit, elle
était arrêtée et conduite devant les administrateurs
du district, devant l'officier public, ou traduite à
la barre du comité révolutionnaire. Là, pour ne
compromettre ni les ecclésiastiques qu'elle secourait,
ni les familles qui lui donnaient leurs aumônes, ne
pouvant, d'un autre côté, se résoudre à mentir,
elle gardait un silence profond, et ne répondait aux
interrogations insidieuses ou violentes de ses juges,
qui s'efforçaient de lui arracher des paroles compro-
mettantes pour les prêtres *réfractaires*, que par un
long et dévot signe de croix. Ce signe de croix, ré-
pété à chaque question devant ces impies, produi-
sait sur l'auditoire un effet prodigieux, magique,
ineffable. On riait, on se moquait, on enrageait,
on blasphémait; c'était à ne pas y tenir. — Mais,
disait l'interrogateur, elle est bête, elle est folle,
cette fille! On la renvoyait comme telle.

Jamais on ne put lui arracher un secret : promesses et menaces, tout était inutile.

Une seule chose l'inquiétait : ses poches. Elle voyageait tant, la pauvre fille, que ses charitables poches, toujours chargées, tombaient sans cesse en lambeaux. Il lui fallait du fil, des aiguilles, du temps, ce que Catherine n'avait pas toujours. Prise soudain d'une sollicitude économique, elle imagine une méthode nouvelle pour les rendre solides. Elle les fait faire en cuir. Cette fois elles durèrent longtemps ; mais *tant va la cruche à l'eau qu'enfin elle se casse*. Le poids continuel qui les surchargeait finit par les ébranler ; des déchirures se manifestèrent, puis des brèches, puis des trappes, enfin elles tombèrent en ruine complète, comme les ci-devant poches en drap. L'ingénieuse Catinon-Menette, sans plus de façon, va trouver un ferblantier, et, sans lui dire toute sa pensée, le prie de lui fabriquer quelque chose comme deux cuivrettes, avec des couvercles fermant hermétiquement. Cela fait, la Dominicaine enveloppe de drap ces deux poches d'un nouveau genre, et les attache l'une à l'autre par un trait d'union allongé en forme de ceinture. Quand elle va en voyage, elle attache autour de ses reins tout cet appareil qu'elle recouvre de son tablier. Autrefois le drap se déchirait, le cuir se trouait, le liquide coulait; maintenant, malgré vents et tempêtes, tout vogue en pleine mer, tout arrive à bon port: C'était là une merveilleuse invention de la charité.

Il y avait à Mauriac, pendant la révolution, un brigadier de gendarmerie qui était, lui, un vrai Auvergnat, un digne honnête homme, Matthieu Barré. Cet homme de cœur gémissait intérieurement des atrocités du gouvernement révolutionnaire. De concert avec Catinon-Menette, il rendit d'immenses services, et sauva un grand nombre de malheureux. Chose admirable! la Providence, toujours bonne malgré la méchanceté de l'homme, permettait que, parmi ceux dont se servait la révolution, il y eût des âmes droites qui avaient horreur du crime. On cite, dans plusieurs localités, des gendarmes de la trempe du brigadier Barré. Or, tout en exécutant, en apparence du moins, les ordres du lieutenant, ce brigadier Barré les éludait autant que possible quand il s'agissait d'une victime innocente de la terreur. Sa conduite vis à vis des malfaiteurs était irréprochable; il les arrêtait sans pitié. Mais était-il question d'un pauvre prêtre qui n'avait d'autre tort que celui de sauver des âmes et d'être fidèle à Dieu, ou bien d'un noble dont tout le crime était d'être riche et dévoué à son roi; le généreux Barré changeait de manière de voir. Au lieu de les arrêter, il favorisait leur évasion.

Le gendarme s'entendait avec la Menette. Ils avaient leurs signes et leur langage. Lors donc que le brigadier Barré recevait l'ordre de conduire sa brigade à la chasse aux prêtres, il faisait en sorte de rencontrer la bonne sœur, et, tout en feignant de ne pas la voir, il lui disait à voix basse : « Pars, *fillioto*, pars, cette nuit nous allons à tel endroit ; » ou bien il se contentait de prononcer le nom du village que la gendarmerie devait inspecter. Lorsque la présence de quelque démocrate ne lui permettait pas de parler, il tournait une des cornes de son chapeau de gendarme vers le lieu où il avait ordre de faire des perquisitions. D'un coup d'œil la Menette avait tout vu, tout compris ; elle baissait la tête et s'éloignait.

Le soir venu, elle partait. Ce n'est que lorsque la nuit avait répandu ses ombres les plus noires que Catherine s'approchait du poste où se tenaient les prêtres menacés. On aurait cru voir le génie de la Charité s'avancer dans les ténèbres. Avant d'entrer dans la maison, elle passait et repassait devant la porte, sous les fenêtres, épiant, prêtant l'oreille, flairant cette bête, la terreur des villages, qu'on appelait le démagogue. Elle mettait son œil au trou de la serrure,, à la fente des planches, haussait avec précaution sa tête jusqu'au premier carreau des croisées, toute frémissante et émue. Elle piétinait ainsi des heures entières autour des maisons. Des vieillards de Tarrieux, village de l'abbé Gély, au-delà de l'Auze, m'ont assuré qu'une nuit, la *Menette de Mauriac* rôda durant *six* heures autour de l'habitation du saint prêtre, croyant y avoir aperçu un individu de mauvaise mine.

Ces précautions étaient bonnes; car dans chaque village il y avait un ou deux surveillants dont la mission était de dénoncer tout *aristocrate* ou tout *fanatique* qui serait surpris faisant le signe de la croix, chômant le dimanche ou récitant quelque prière. « Une nuée de fripons et d'égorgeurs, disséminés sur toute la république, en aspiraient la » substance, et fondaient leur pouvoir sur la misère » et la mort... A Salers, ils enlevaient les montres » d'or... La fille Montlagis, *n'ayant que des hardes,* » *les leur offrit...* A Drugeac, ils *dégalonnaient* » *les vestes et arrachaient les boutons...* A Cernin, » ils donnaient *des saignées de quarante mille* » *francs* (1). »

(1) La *Révolution du Cantal,* passim. A cette époque, il n'y avait plus de saints. On ne disait plus : Je vais à Saint-Martin, à Saint-Cernin, à Saint-Projet;... mais : Je vais à Martin, à Cernin, à Projet, etc.

Par les ressources de son esprit, Catherine déjouait le plus souvent leur féroce habileté. Que de crimes n'a-t-elle pas épargnés aux coupe-gorge de la révolution !

Voici deux faits qui m'ont été racontés par un homme vénérable, M. Jacques Baldus, longtemps maire d'Ally, sa paroisse natale, et père de Mgr Baldus, évêque du Ho-Nan en Chine. Il est encore plein d'intelligence, de mémoire et de bonté. Il en fut le témoin et l'un des acteurs (1). »

« Une fois, dit M. Baldus, chez moi, à Fraïssy, » mon village, nous eûmes une bien vive alerte.

(1) Il est nécessaire de donner ici au moins les noms des confesseurs de la foi qui se cachaient dans les paroisses échelonnées le long de l'Auze, où se passèrent les deux faits dont il s'agit : Pierre Diernat, curé de Brageac, sa paroisse natale ; J.-B. Senaud et Antoine Senaud, de Brageac ; Antoine Baldus, d'Ally, oncle du narrateur ; Pierre Chablat, de Saint-Martin-Cantalès, autre oncle du narrateur ; Pierre Gély, vicaire d'Ally, sa paroisse natale ; Jacques Lascombes, d'Ally, curé de Scorailles ; Antoine Roche et François Fialeix, d'Ally, prêtres filleuls ; François Caulus, d'Ally (il prêta serment, mais se rétracta) ; Antoine Olivier, d'Ally ; Pierre Rivière, d'Ally ; Jean Lescure, de Chaussenac, curé de Larodde ; François Dubernat, vicaire de Chaussenac, sa paroisse natale ; M. Lafon, de Drignac, curé dans le Périgord ; M. Auriac, d'Anglards, vicaire de Drignac. Il y avait encore d'autres confesseurs de la foi dans ces paroisses ; mais ils avaient émigré : Antoine Dubertrand, curé de Chaussenac, émigré en Espagne ; M. Mathias, curé de Drignac, émigré en Suisse ; M. Bonhoure, d'Ally, curé de Loupiac, émigré en Espagne ; Antoine Jarric, d'Ally, noyé à Bordeaux, etc.

» J'avais alors huit ou neuf ans, et je me souviens
» de ces choses comme de ce que j'ai fait ce matin.
» En nous éveillant au point du jour, nous trou-
» vâmes la maison entourée de gendarmes. Heureu-
» sement mon oncle, l'abbé Baldus, avait découché.
» — Où est le calottin? disent tous ces hommes en
» entrant. — Cherchez, citoyens, répond hardi-
» ment mon père. Ils cherchent, fouillent partout
» de la cave au grenier. En même temps, moi, sur
» un signe de ma mère, je m'éloigne furtivement,
» et me voilà à courir de plus belle vers Chapver-
» gne, village de M. l'abbé Olivier; je fendais l'air
» comme un oiseau : j'étais jeune alors! Quelle ne
» fut pas ma surprise! En arrivant, je trouve encore
» ici des gendarmes, partout, à toutes les portes,
» à toutes les avenues du village. Pour le coup,
» pensai-je en moi-même, le pauvre abbé est pris;
» j'étais désolé de n'être pas arrivé à temps pour
» l'avertir du danger. Je m'informe de son sort; on
» me répond qu'il s'est sauvé avec d'autres prêtres
» depuis quelques heures. Je retourne à Fraïssy
» annoncer cette nouvelle à mes parents, qui en
» furent d'autant plus réjouis que les gendarmes
» faisaient plus mauvaise mine. Ils juraient comme
» des damnés.

» Les trois gendarmeries de Mauriac, de Pleaux

» et de Saint-Martin avaient envahi la paroisse. Tous
» nos prêtres auraient été pris, si la Providence
» n'eût veillé sur eux. Une menette de Mauriac,
» appelée Catinon, qui rendait en ce temps-là de si
» grands services aux ecclésiastiques et aux pau-
» vres, avait su, je ne sais comment, que les
» trois brigades devaient faire une battue générale
» dans la paroisse d'Ally ; elle avait passé l'eau et
» donné l'éveil partout où il y avait des prêtres ca-
» chés. L'expédition échoua donc, et les gendar-
» meries s'en retournèrent comme elles étaient
» venues. La chasse n'avait pas été bonne. La bri-
» gade de Saint-Martin pourtant, dans son retour,
» passant au Puy-Dondon, sur la paroisse de Dri-
» gnac, fut un peu dédommagée de sa peine. Elle
» rencontre là un homme habillé de noir. Cet
» homme habillé de noir, quand il aperçoit les gen-
» darmes, se détourne du chemin, et, n'osant pas
» prendre tout-à-fait la fuite, avance pourtant
» le pas. Eux, voyant les allures de ce citoyen
» qui cherche à les éviter, conçoivent des soup-
» çons et courent sur lui. L'homme noir, pour
» le coup, s'échappe en toute hâte ; mais il est
» trop tard. En sautant une muraille, il se casse
» une jambe ; les gendarmes l'emportent. C'était
» M. l'abbé Lafon, de Chez-Gaston de Nébouillères,

» paroisse de Drignac. Je n'en ai plus entendu
» parler. (1). »

» Une autre fois, c'est toujours M. Baldus qui
» parle, j'étais seul à la maison; c'était pendant la
» nuit, toute la famille était allée dans la paroisse
» de Barriac, au village de Vimenet, tout près d'ici;
» mon oncle y disait la messe dans une chambre, et
» tous les villageois des environs étaient accourus,
» à l'exception des patriotes, ça va de soi, qui au
» reste n'étaient pas très-nombreux par ici. Comme
» j'étais encore jeune, il paraît qu'on ne comptait
» pas trop sur ma discrétion et on était parti pendant
» que je dormais, me laissant seul dans la maison,
» qu'on avait eu soin de bien fermer. Tout-à-coup
» je suis éveillé par un bruit que j'entends à la porte,
» personne ne répond au dedans; alors je compris
» que j'étais seul, j'étais assez peu rassuré. Le bruit
» continuant à se faire entendre, je demande enfin
» qui est là; alors une petite voix me répond par le
» trou de la serrure : C'est Pierre de Tarrieux. — Je
» reconnais cette voix et je n'ai plus peur; je me

(1) L'abbé Lafon fut déporté à Rochefort ou à la Rochelle. Il ré-
sista aux traitements atroces que l'on infligeait aux prêtres dans les
ports de mer avant de les transporter dans les déserts de l'Amérique. Après la révolution, il retourna dans le Périgord. Les paysans
de Nébouillères l'avaient surnommé l'*Emporté*.

» lève pour ouvrir la porte, mais elle était fermée à
» clef. — Ah! c'est toi, mon enfant, reprit M. l'abbé
» Gély (1), car c'était lui, accompagné de M. Oli-
» vier, et tu es seul? — Oui, M. l'abbé. — Et tu n'as
» pas peur? — Oh! non. — Ah! providence du bon
» Dieu, providence du bon Dieu! se mit à répéter
» le saint prêtre; c'était son mot favori. — Où sont
» tes parents? — A Vimenet, je pense, où ils vont
» souvent entendre la messe, que mon oncle y dit
» presque toutes les nuits. — Eh bien, mon enfant,
» quand ils seront de retour, tu diras à ton oncle
» de s'éloigner bien vite, car les gendarmes seront
» ici avant le jour; M. l'abbé Olivier et moi, nous
» nous sauvons. — Je les vois en effet par la fenêtre
» s'en allant silencieusement à la lueur d'une lan-
» terne sourde, et se dirigeant vers la paroisse de
» Saint-Christophe, où ils se cachèrent dans les bois.
» Mes parents et mon oncle ne tardèrent pas à ren-
» trer; je leur parlai de la visite que j'avais eue;
» alors notre pauvre abbé mangea un peu et à la
» hâte, prit son bâton, son bréviaire et s'en re-
» tourna; il alla se cacher je ne sais où. Les gen-

(1) Pendant la révolution, les prêtres ne portaient que le nom de
baptême sous lequel ils étaient moins connus; ainsi l'abbé Gély
n'était connu que sous le nom de Pierre; l'abbé Baldus, sous celui
d'Antoine, etc.

» darmes arrivent, c'était trop tard. Eh bien ! la
» Menette de Mauriac, elle encore, était accourue
» pendant la nuit à travers les forêts de l'Auze, et
» avait donné le signal d'alarme à tous les villages
» de la côte, à Ginalhac, à Pommiers, à Contre, à
» Tarrieux, etc.; grâce à cette courageuse femme,
» nos prêtres proscrits, encore cette fois, échappèrent
» à la mort. »

CHAPITRE V.

L'abbé Teissier. — Catherine auprès de ce premier martyr de la révolution — Françoise Maury. — Une expédition à Brageac. — Les abbés Counil et Leymonie. — Martyre de M. Filhol.

Le dévouement et la charité de Catinon-Menette s'étendaient jusqu'aux morts et aux mourants. S'il ne lui était pas toujours donné de sauver la vie aux pauvres bannis de la société humaine, elle les consolait du moins, les fortifiait, les entourait de soins et les aidait dans les angoisses de leurs derniers moments. En voici une première preuve.

Antoine Teissier naquit à Lachaud, paroisse de Loupiac, le 11 novembre 1740. Licencié ès arts de la Faculté de Toulouse, ce saint prêtre fut nommé, en 1776, professeur de philosophie au collége de Mauriac. Il a laissé dans notre ville des souvenirs encore ineffacés. Outre la philosophie qu'il professait avec distinction, il était encore chargé de la police dè l'établissement, et il la faisait avec la ruse d'un renard et le dévouement d'un saint, ce qui lui valut le titre et les émoluments de professeur émérite. Ardent adversaire des principes destructeurs de la révolution, il refusa le serment et protesta de toutes ses forces contre les attaques de l'impiété toute puissante. Aussi les vampires de la démagogie le poursuivirent-ils d'une haine implacable. Ils l'arrachèrent à sa famille, le traquèrent comme une bête fauve jusque dans les solitudes de Loupiac et de Lachaud; il fuyait de village en village, c'était au commencement de 1792.

Entre Ally et Loupiac, sur une hauteur qui domine deux vallées, est bâti un village solitaire, couvert d'arbres et de rochers, celui de Fages. L'abbé Teissier y cherche une retraite. A part un certain jeune homme, pédagogue de son état, qui recevait ses inspirations de la *racaille* (1) de Loupiac, les habitants étaient peu friands des idées nouvelles. Ils prodiguent leurs soins au proscrit, le cachent avec sollicitude, et pourtant, malgré ces empressements réitérés de la charité chrétienne, le pauvre abbé tombe malade, trop secoué sans doute par les vives

---

(1) Expression des gens de Fages. Loupiac était une des paroisses les plus révolutionnaires du canton de Pleaux, grâce à l'enragé S..., ci-devant homme d'affaires de M. de Bassignac.

commotions qu'il éprouve. A cette nouvelle, la
Menette des prêtres accourt, comme elle accourait
à toutes les infortunes. Elle fait plusieurs voyages à
Fages, malgré l'éloignement et les mauvais chemins.
Le pédagogue était à craindre, puis les gendarmeries
faisaient souvent dans le pays des rondes d'inspec-
tion. Il fallait à la Dominicaine une grande prudence ;
mais son industrieuse charité découvrait sans cesse
quelque expédient nouveau, quelque ruse nouvelle ;
voici ce qu'elle faisait.

Avant de partir de Mauriac, elle se procurait une
faucille qu'elle cachait sous son tablier ; puis en route
elle la mettait en bandoulière sur ses épaules, de la
même façon que la placent les moissonneurs du Limousin qui viennent couper nos moissons. Elle
arrivait ainsi au village, se prenant à dire à toute
personne qu'elle rencontrait : « Qui veut faire couper
du blé ? » Catherine faisait si bien, qu'on la prenait
pour une moisonneuse limousine. Ainsi déguisée,
elle entrait dans la maison Rivière où gisait le malade, et là, devant les enfants et les domestiques,
elle ne parlait que moisson, blé, journée, elle discu-
tait le prix de son travail ; ensuite, quand personne
ne lui faisait ombrage, elle pénétrait à la dérobée,
en compagnie de la maîtresse de la maison, dans le
fournil qui abritait le premier martyr de la foi dans

nos montagnes. Elle lui apportait des médicaments, des consolations, le soignait affectueusement, lui parlait un peu des tristes choses qui se passaient à Mauriac, et rentrait chez elle pour revenir bientôt.

M. Teissier demeura plusieurs semaines dans le fournil de l'honorable famille Rivière, sans que les domestiques de la maison en eussent connaissance, tant on prenait de précautions pour soustraire le malade aux regards des suspects. Cette prison continuelle aggrava la maladie du saint prêtre.

Un jour les gendarmes eurent vent de la proie, ils arrivent à Fages ; le malade avait été transporté de chez Rivière dans une maison voisine. Ils étaient déjà à la porte ; à la hâte, on entortille tant bien que mal le moribond dans ses draps de lit, on l'attache avec une corde et on le descend brusquement par une lucarne dérobée ; puis furtivement, de buisson en buisson, on l'emporte sous une roche solitaire, où il demeure caché jusqu'à ce que la gendarmerie ait quitté le village. Le malade, on le comprend, ne pouvait résister longtemps à de pareilles secousses ; il entre en agonie. Catinon-Menette ne le quitte plus, elle tâche d'adoucir par le baume de sa charité les amertumes de la mort ; grâce à ses soins, les sacrements lui sont administrés par un prêtre fidèle. Enfin il rend son âme à Dieu le **22 juillet 1792**,

4

et est enseveli au cimetière d'Ally, par B..., curé intrus. Catherine, qui lui avait rendu les derniers devoirs, l'accompagna à sa dernière demeure; le saint prêtre avait 52 ans,

Catinon-Menette disait à un de ses frères, Jacques Tessier, marchand à Mauriac : « Je ne comprends pas que vous regrettiez votre frère, c'est un saint dans le ciel, oui, un saint, je l'ai vu mourir. »

Les vieillards de Fages ont encore conservé le souvenir de la généreuse fille; ils la désignent par ces mots : *la menette de Mauriac*, ou *cette fameuse femme dont on parlait tant et qui était tant bonne pour les pauvres et les prêtres.*

La terreur fut si grande à Mauriac à la fin de l'année 1792, que les prêtres, qui jusque-là avaient tenu bon contre les flots de l'émeute, ne se crurent pas à l'abri de le rage démagogique, même dans la plus sombre profondeur des cachettes. Ils allèrent donc demander aux campagnes reculées un asile plus sûr. Catherine en fut désolée ; la voix de Dieu se faisait entendre dans les cœurs catholiques; des malades demandaient les sacrements, des jeunes gens demandaient la bénédiction nuptiale, les âmes pieuses gémissaient dans le fond de leur cœur et aspiraient avec l'ardeur de leur foi toujours vive à épancher, devant Dieu, dans l'âme du prêtre, leur conscience troublée. La Menette ne pouvait, à cause de l'éloignement des prêtres fidèles, satisfaire tant de vœux. Dans le désir de soulager ces âmes en souffrance, elle conçoit le généreux dessein de ramener à Mauriac quelques ecclésiastiques dévoués, et de les y cacher si bien qu'ils soient hors de tout danger. Elle fait part de son idée à une autre menette, Françoise Maury, de la congrégation de Notre-Dame-des-Miracles.

Sans s'élever à la hauteur de Catherine, Françoise fut une chrétienne du premier ordre ; elle mérite une ligne dans l'histoire, à côté de la Dominicaine. Ce serait injustice de laisser dans l'ombre, pour grandir notre sainte, les beaux dévouements qui, à côté des siens, se produisirent à Mauriac aux plus mauvais jours de son histoire.

Françoise Maury donc naquit à Mauriac le 8 mars 1750, d'un tailleur d'habits. Prise de l'amour de Dieu, elle entra dans la congrégation des filles de Notre-Dame, dont elle fut longtemps la supérieure, et qu'elle édifia toujours par la pratique de toutes les vertus. Catherine, qui déjà depuis longtemps se l'était attachée par une amitié sainte, voyant en elle, pendant la révolution, un courage à la hauteur des circonstances, s'en servit habilement pour le bien des malheureux. Lorsqu'elle lui parla du projet déjà conçu de ramener à Mauriac quelques prêtres, Françoise, enchantée, s'offrit avec joie pour l'aider dans l'accomplissement de ce périlleux dessein.

Elles préparèrent donc une cachette dans la maison même de la famille Maury, située dans un cul-de-sac, rue de l'Abbé-Chappe. C'était une grande armoire en pierre, construite dans une muraille. *La cage est prête*, dit Catherine, *il ne manque que l'oiseau.*

A Labro, village isolé de la paroisse de Brageac, étaient cachés les abbés Counil et Leymonie (1). Catherine le savait fort bien; elle compte sur leur dévouement et part avec Françoise; c'était au mois de décembre 1792. Les bonnes sœurs se dirigent silencieusement vers les forêts de l'Auze pendant la nuit. Il y avait alors à Brageac un homme redoutable, un certain R..., d'un républicanisme ardent, la terreur du pays. Au dire des vieillards de Brageac, il montait en chaire, le jour de la décade, dans cette vaste église toute délabrée des religieuses Bénédictines, et là, avec l'éloquence d'un démagogue brutal, il prêchait la religion nouvelle, la religion de la déesse Raison. « Moi, disait-il, moi, fils de Taillefer, je vous dis, citoyens sans-culottes, que le

(1) Prêtres natifs de la paroisse de Mauriac.

fanatisme a été inventé par les calottins et les tyrans ; à bas les calottins et les rois ! vive la république ! vive Taillefer (1) ! » Et autres belles choses de ce genre.

Les pauvres filles mouraient de peur de rencontrer sur leur chemin l'enragé démagogue ; elles s'en vont, prudentes comme des serpents, encapuchonnées, baissant la tête, gardant le silence pour n'être point reconnues. Elles passent l'eau, montent la côte, laissent le bourg de Brageac à deux pas et arrivent heureusement à Labro. Elles entrent avec précaution dans la maison qui recelait les deux prêtres ; il fallait un prétexte à leur visite ; il fallait donner le change aux enfants et aux domestiques.

Après les salutations d'usage : « Comment va le malade ? » dit Catherine pour voiler le but de son voyage. — Quel malade ? répond la maîtresse du logis avec un étonnement simulé ; on vous a trompées, pauvres femmes, il n'y a pas de malade ici. Elle n'insiste pas et s'empresse de faire asseoir les étrangères.

Un moment après, sous prétexte de leur montrer quelque objet précieux, elle les conduit dans une

_____

(1) Taillefer était un représentant du peuple. C'est lui qui envoya dans le Cantal Delthil pour le républicaniser ; je ne sais pourquoi le patriote de Brageac se disait fils de Taillefer.

chambre, en compagnie de son mari, brave homme
dévoué à Dieu et aux malheureux. Là, tous ensemble
ils délibèrent à cœur ouvert sur le meilleur moyen à
prendre. Les deux confesseurs de la foi étaient sous
leurs pieds, dans une cave ; Catinon-Menette demande de la lumière pour y descendre ; mais le chef
de la famille fait observer que, les planches étant
disjointes et une lucarne donnant dans la rue, la
lumière, perçant à travers ces ouvertures, pourrait
éveiller les soupçons des passants ou des personnes
suspectes du village ; « or, ajouta-t-il, vous savez
qu'il y a peine de mort pour tout receleur de prêtres. » On descendit donc sans lumière dans l'obscur
souterrain. Les deux proscrits s'y tenaient étroitement blottis, un peu troublés des mystérieux
chuchotements qu'ils entendaient depuis quelques
minutes. La Dominicaine leur déclare sans détour et
rondement qu'il faut partir pour Mauriac, où leur
présence est indispensable. D'un coup d'œil, les
deux prêtres voient l'immensité du danger qu'ils
vont courir au chef-lieu du district, centre de la
démagogie, foyer incendiaire de la révolution dans
la contrée. Ils n'hésitent pas pourtant; le devoir
l'exige, un bon pasteur donne sa vie pour ses brebis ;
ils partent, couverts d'un large manteau de paysan
et affublés d'un bonnet rouge, le bonnet du patriote.

Ils arrivent sans encombre au pont de Brageac; mais là ils rencontrent précisément l'homme qu'ils redoutaient le plus, le fameux prétendu fils de Taillefer : il venait de Mauriac. Le danger est pressant, et ce serait un malheur de perdre contenance. Ils échangent quelques mots à voix basse ; à l'instant tout est réglé, chacun a son rôle à jouer : les abbés sont deux ivrognes fieffés, et les menettes se disent volontiers leurs femmes; eux, de chanceler, de grogner, de trébucher à qui mieux mieux; elles, elles crient, elles clabaudent, donnent leurs maris à tous les diables. — Ivrognes, gueux, lurons, vous faites ripaille et vos enfants meurent de faim à la maison ! scélérats, avaleurs..., vous mériteriez cent fois qu'on vous mît à la lanterne !... Le soi-disant fils de Taillefer, voyant cet orage arriver de l'autre côté du pont : « Diable, dit-il, qu'est-ce que cela ? Comme vous y allez citoyennes ! Si j'étais à leur place, par ma foi, je vous f... sous le pont. — Allons, coquin, toi aussi ! hurlent les deux furies, aristocrate, tu ne vaux pas mieux qu'eux; fais ton chemin ou nous t'assommons, mauvais drôle !... » C'était à ravir.

Le démagogue croit prudent de se retirer; une fois disparu de la scène, la comédie est finie. Nos acteurs se félicitent joyeusement d'avoir bien joué chacun son rôle. Ils entrent à Mauriac par divers chemins, et la famille Maury est heureuse de recevoir les deux confesseurs de la foi dans sa modeste habitation. C'est là qu'ils restèrent cachés environ dix-huit mois, depuis le 14 décembre 1792 jusqu'au 24 juillet 1794(1)!

De cette solitaire demeure, ils se répandaient secrètement dans la ville. Catherine, dont le dévouement était toujours plus grand que ses devoirs, pénétrait partout, s'informait de tous les besoins de la population mauriacoise; et quand il fallait un prêtre, elle faisait un signe à Françoise, qui à son tour avertissait un de ses chers prisonniers, ou tous les deux, si besoin était.

Alors, nuitamment et bien déguisés, les deux prêtres sortaient de leur cachette, s'avançaient dans l'obscurité, se glissaient de ruelle en ruelle, comme deux ombres fugitives. Ordinairement Catinon-Menette les précédait; préparait les voies, écartait les obstacles, prévenait le danger, rassurait ou donnait le signal d'alarme, en sentinelle vigilante. Elle menait les prêtres dans les maisons pour y bénir de nouveaux époux, baptiser des enfants ou consoler des malheureux; quand ils devaient dire la messe, elle dressait la table qui servait d'autel, disposait les

(1) Registres des délibérations de la municipalité de Mauriac.

ornements sacrés, qu'elle avait apportés dans son tablier, et même souvent servait de clerc.

M. Counil et M. Leymonie ne se laissèrent pas cette fois épouvanter par les flots toujours montants d'une anarchie sanglante. Ils restèrent au poste malgré le danger toujours imminent, malgrés les perquisitions réitérées des agents du comité révolutionnaire, qui donnèrent plusieurs fois l'assaut à la maison Maury. Les deux ministres de ce Dieu qui se joue des vains complots des hommes, se verrouillaient, se cadenassaient dans leur asile, et laissaient la fureur des patriotes s'épuiser à la porte. C'est du fond de cette cachette qu'ils entendirent les cris de toute une ville épouvantée au jour à jamais néfaste de l'assassinat légal d'un de leurs confrères. Neuf mois après la mort de M. l'abbé Teissier, un autre prêtre donnait son sang pour Jésus-Christ, et notre Dominicaine était encore là auprès de ce nouveau martyr mourant, plus dévouée, plus ardente, plus sublime.

François Filhol, né le 22 août 1764, à Bouval près de Pleaux, fut choisi, après ses études théologiques, pour précepteur des enfants de l'honorable famille Ternat de Mauriac. L'un de ces enfants vit encore. En 1790, il fut nommé vicaire de Drugeac, paroisse voisine. Quelques mois après on décréta le désas-

treux serment à la constitution civile du clergé.
M. Filhol le refusa énergiquement à l'exemple de
M. Delzors, son curé, et partit pour l'Espagne; mais
après une journée ou deux de marche, il revint sur
ses pas, résolu de mourir plutôt que d'abandonner
les fidèles qui réclamaient de toutes parts le secours
des prêtres non assermentés. Catherine lui rendit de
grands services. Elle le sauva un jour des mains de la
gendarmerie en l'engageant à user du stratagème
qui avait si bien réussi dans le voyage à Brageac.
L'abbé en effet contrefit si bien l'ivrogne, sut si bien
trébucher, donner du nez dans la boue, de la tête
dans les pierres, que les gendarmes ne surent point
deviner un prêtre dans ce masque qui grognait et
qui se roulait sur le chemin.

Un jour pourtant il se laissa surprendre à Bouval;
les gendarmes arrivent à l'improviste; il se cache
sous le foin dans un angle de la grange; il s'y ra-
masse de son mieux; il est découvert!.. mais heureusement par Guillaume Jammetton, ce loyal et
noble gendarme, qui faisait à Pleaux ce que le brigadier Barré faisait à Mauriac, d'héroïques choses en
sauvant la vie aux victimes innocentes de la rage
révolutionnaire. Ayant découvert le prêtre, il lui
serre la main et lui dit tout bas de ne pas remuer;
en même temps : « Par ma foi, camarades, se mit-

il à crier, ce b... de calottin est insaisissable ; je ne trouve rien par ici ; êtes-vous plus heureux là bas ?.. L'oiseau aura déniché... » Le gendarme fait si bien que ses compagnons sortent de la grange , persuadés que le prêtre ne s'y trouve pas. Celui-ci se croyait sauvé. Hélas ! il se trompait : Dieu avait ses desseins.

Un domestique même de la maison Filhol , dont la conduite peu édifiante avait été réprimandée par le saint prêtre , se trouvait à la porte de la grange quand les gendarmes sortirent. Ce malheureux conservait des rancunes. Excité par une servante, sa complice , il se vengea ; il jura par sa tête que l'abbé Filhol était dans la grange. Sur une affirmation si hardie la brigade rentre, malgré les protestations de Jammetton , et se livre à de nouvelles recherches. Jammetton , pour ne pas se compromettre par un refus obstiné, et poussé d'ailleurs par le vif désir de sauver le proscrit, rentre aussi et court à l'endroit où il l'avait découvert une première fois. Malheureusement le pauvre abbé avait changé de place. Joseph, son frère ainé, aussitôt que les gendarmes, après leur première perquisition , avaient eu viré de bord, était vite accouru et avait soulevé la planche d'une cachette fort ingénieuse. Mais la brigade rentrant tout-à-coup , le prêtre n'avait pas eu le temps d'y descendre et s'était jeté à la hâte sous un tas de paille. C'est là qu'il est découvert par un gendarme, vrai buveur de sang, celui-là, qui le saisit dans ses griffes avec l'avidité d'un tigre.

M. Filhol est conduit de brigade en brigade à Aurillac, de là à Mauriac. On le prie de sauver sa vie en prêtant serment, il refuse. Un décret de la Convention, du 18 mars 1793, porte que tout prêtre insermenté, pris sur le territoire de la république, sera jugé par un jury militaire et puni de mort dans les vingt-quatre heures. Ce barbare décret est rigoureusement mis à exécution. Le jeune prêtre est condamné à mort par une commission composée de gendarmes. Le curé intrus se présente, il refuse son ministère. Catinon-Menette fut mieux reçue.

On dressa l'échafaud sur la petite place qui s'étend au chevet de l'église de Notre-Dame des Miracles. Le condamné est amené d'une maison voisine de la porte Saint-Mary, sans doute de la chapelle des pénitents, dont on avait fait une prison. Il s'avance au milieu des deux rangs de gendarmes et de gardes nationaux. Il porte un gilet noir, une redingote noire; il est d'une taille un peu au-dessus de la moyenne; il marche à pas lents, ses mains sont appuyées sur sa poitrine; sa figure de vingt-huit ans est calme, sereine, un peu pâle; ses yeux se dirigent presque sans cesse vers le ciel où il semble puiser une force divine. Catherine le suit de plus près qu'elle peut, l'œil sur lui, cherchant l'occasion de lui être utile, même au risque de sa vie. Elle l'aurait encouragé au martyre si le saint avait eu besoin d'encouragement; surtout elle prie. Le jeune prêtre monte les degrés de l'échafaud avec une certaine émotion, mais sans trouble. Il donne au bourreau quelques assignats en lui disant : *Tenez, prenez ceci, vous me rendez un grand service.* Il lève une dernière fois les yeux vers Dieu, il baisse la tête : une minute après son âme était au ciel (1).

Au milieu de la terreur générale, Catherine resta seule au pied de l'échafaud en prières pendant que le prêtre mourait, et malgré les rugissements de quelques coupe-têtes qui criaient *qu'elle y passerait aussi.* Elle ne s'émut pas de ces hurlements de bête fauve, recueillit sur un linge le sang du bienheureux et s'empara de tous les lambeaux de la victime pour en faire des reliques, « à l'exemple de ces femmes fortes de la primutive Eglise que l'esprit de Dieu faisait revivre en elle (2). » Le sang du martyr a opéré plus d'un miracle.

Le jour de l'exécution presque tous les habitants

---

(1) Je tiens ces précieux détails de plusieurs témoins oculaires.
(2) Notice historique par M. Chabau.

avaient déserté la ville, tant la consternation était
générale. « La veille de l'exécution, me disait M.
» Ternat-Lapleaux, un des anciens élèves du martyr,
» nous nous retirâmes à la Roussilhe, notre maison
» de campagne. Nous trouvâmes moyens, pour ne
» pas la désoler, de cacher à ma mère la mort de
» son cher abbé ; elle ne la connut que deux ans
» après. Vous ne sauriez croire, ajoutait-il, l'im-
» pression profonde que fit la mort de M. Filhol ; la
» fureur révolutionnaire tomba un peu ; on était
» comme écrasé du coup qui venait d'être frappé ;
» ce sang versé opéra un revirement sensible dans
» l'opinion, et il y eut de nombreuses conversions
» politiques. » C'était au mois de mai 1793. Le 12
du même mois, par arrêt du district de Mauriac
daté du 11, Antoine Filhol, père du jeune martyr,
sous prétexte qu'il avait tenu des propos antirévo-
lutionnaires, fut arrêté et conduit tout malade dans
les prisons de Salers, d'où il ne sortit que pour aller
mourir de douleur à Bouval, le jour de la Saint-Louis
au mois d'août de la même année.

Tels sont les desseins de Dieu ! pour l'expiation
des péchés de son peuple, il demande les victimes
pures, les âmes fortes, les nobles caractères, et cela
est rationnel ; car comment ce qui est mauvais pour-
rait-il arriver jusqu'à lui, toucher son cœur, apai-

ser sa justice? Mais aussi il les rassasie de bonheur,
il les entoure de gloire, ces âmes généreuses qui ont
défendu la vérité. La vérité est un dépôt dans l'Eglise;
qui le garde est pasteur, qui le communique est
docteur, qui le défend est confesseur ou martyr, dit
un auteur. M. Filhol a le front ceint de cette triple
couronne.

CHAPITRE VI.

Quelques jours après l'heureuse mort de M. Filhol. Catherine fut écrouée à la maison d'arrêt. Elle y trouva un séminariste, l'abbé Roche, de Mauriac; ils parlaient ensemble, lorsqu'un agent de l'administration s'approchant : « Vous avez-vu, dit-il, l'autre jour, comment on raccourcit les calottins, gare à vous! » L'abbé Roche, naturellement timide, fut épouvanté. Catherine, plus hardie, plaida avec éloquence la cause de sa liberté; on lui ouvrit la porte. « Elle sortit, disait M. Roche plus tard, et moi pauvre badaud, qui ne sus pas dire une parole, je restai en prison jusqu'à la mort de Robespierre. »

La bonne fille n'oubliait pas ses compagnons d'infortune. « Dans ces jours d'orageuse mémoire, alors que tous les mérites qui jetaient quelque éclat furent des titres à la persécution, Catherine Jarrige, à la faveur de son obscurité, pénétrait dans les prisons et les asiles secrets pour y porter des avis et des secours, en dérobant toujours aux malveillants la connaissance de ses démarches, par ses réponses hardies et assurées, par ses reparties vives et ingénieuses (1). »

La maison du doyen du monastère était devenue la prison commune; à cette sombre et laide époque, elle regorgeait de prisonniers, et le trop-plein était versé dans l'église des Bénédictins, vulgairement appelée l'église de *la Réforme*. Catherine visitait souvent ces demeures de la liberté démocratique, et portait à tout ce peuple de bandits, de nobles, de prêtres, de religieuses, des paroles de consolations et des secours (2). Elle faisait leurs commissions, portait de leurs nouvelles aux parents, soignait ceux qui étaient malades, procurait à tous du linge, des remèdes, du vin, de l'argent, du tabac, etc.; à force d'adresse, elle parvenait même à introduire dans la

(1) Rapport à l'Académie française.

(2) Marie Bertrandy, religieuse de Notre-Dame de Salers ; Marie Lavergne, Jeanne Broquin, Marie Fialeix, Catherine Fontanges, Marie-Anne Roche, Marie-Anne d'Anglard de la Garde, religieuses de saint Dominique, de Mauriac, restèrent longtemps en réclusion, ainsi que l'abbé Chinchon, qui y fut sérieusement malade. (Papiers de la mairie.)

prison des prêtres déguisés, et, comme ses amies trop peureuses l'engageaient à être plus prudente, elle répondait en souriant : « Ah ! laissez-moi faire, je ne serai contente que lorsque j'aurai fait confesser autant d'hommes que de bourrées j'ai dansées autrefois. »

La famine continuait à décimer les populations ; des bandes d'indigents couraient par tous les chemins. « Combien n'est-il pas affligeant de voir qu'il n'existe plus aucun hospice, aucun mode fixe de secours, soit pour les enfants abandonnés, soit pour les militaires malades en route ou pour les prisonniers infirmes, soit enfin pour une foule d'indigents de tout âge et de tout sexe qui nous entourent journellement, couverts à peine des haillons de la misère pendant un froid rigoureux, portant sur le visage l'empreinte profonde de la faim ou de la maladie, et nous demandant avec larmes et gémissements, une assistance qu'il n'est pas en notre pouvoir de leur donner (1) ! »

Du sein de la société dévoyée et affamée s'élevaient des émeutes terribles comme un orage dans un ciel de feu. Chacun se retirait chez soi, se cachait, se verrouillait dans sa maison, ou s'enfuyait à la cam-

(1) Adresse de la municipalité de Mauriac à la Convention, pour lui demander des secours, qui ne furent pas accordés.

pagne; plus de commerce, plus d'argent, mais des
assignats qui ruinaient les familles; plus de travail,
d'ordre, de sécurité; plus de vie chrétienne, chacun
pour soi. Sauve qui peut! tel était le cri général de
la société.

Au milieu de ce monde de damnation, Catherine
conservait son âme forte, et *se jetait plus que jamais
à corps perdu dans les bonnes œuvres.* Des âmes
charitables lui venaient en aide; je citerai Jeanne-
Marie Delsol de Volpiliac, veuve d'Orcet; quoique
imbue des principes philosophiques du dix-huitième
siècle, elle était fort aumônière. Dieu récompensa
plus tard sa générosité par la grâce d'une mort
chrétienne. En 1795, elle fit distribuer aux pauvres
la somme de trois mille francs, prise sur un legs de
douze mille livres fait en 1785 par son mari, en
faveur des pauvres de la ci-devant élection de Mauriac.

Catherine allait souvent chez elle; tout ce qu'elle
demandait lui était accordé : argent, pain, bouillon,
remèdes, chaussures, habits. Quoique charitables
ou peut-être même à cause de cette charité, Catherine et Mme d'Orcet furent un jour arrêtées et mises
en réclusion. Le peuple se souleva, et la municipalité,
pour apaiser la révolte, fut obligée d'ordonner leur
mise en liberté.

Outre sa panetière et ses poches en cuivre, notre Dominicaine se servait encore, pour porter ses provisions, d'un seau qu'elle appelait *lou garlou*. Elle emplissait ce *garlou* de la pitance quêtée, et s'en allait sans façon, laissant croire aux révolutionnaires qu'elle portait de l'eau ou de la nourriture à certains animaux du voisinage. Par ce stratagème fort innocent, elle évitait quelquefois de terribles farandoles, et les insultes des coupe-jarrets de la démagogie.

Un jour elle cheminait vers le Puy-Saint-Mary avec son *garlou* à la main; elle rencontra le gendarme C..., un gaillard qui ne travaillait pas mal à la régénération universelle de la société; il était en compagnie d'un citoyen. « Quand je le vis venir, disait Catherine, je faillis tomber morte, je me disais : S'ils viennent voir ton *garlou*, tu es perdue; je m'attendais donc à danser la carmagnole : eh bien ! non, le bon Dieu eut pitié de moi cette fois; les deux sans-culottes passèrent sans dire mot. »

Une nuit elle se rendait à Ginalhac, au-delà de l'Auze, pour donner aux prêtres de ces contrées le signal d'alarme. Dans la côte, elle voit un homme s'avancer, elle aurait préféré voir une bête féroce; l'homme tremblait de son côté, tous deux étaient effrayés, l'un de voir cette femme, l'autre de voir cet homme à minuit, seuls, au milieu des bois; ils se croisèrent sur le chemin en se regardant de travers et se tenant le plus loin possible. Quand la Menette arriva au village, elle était pâle comme la mort. Elle apprit depuis que l'homme avait failli tomber de peur sur le chemin, parce qu'il avait cru voir un vrai diable habillé en femme.

Ces secousses et les reproches de sa sœur Toinette ne purent jamais empêcher la Menette de sortir la nuit; plusieurs fois elle faillit être assassinée. Un jour entre autres deux vauriens la rencontrèrent, l'un avait déjà levé la main pour lui donner le coup de la mort; son compagnon, par un reste de pitié, arrêta le bras du meurtrier. « Tu vois bien, ma pauvre sœur, disait Toinette à Catherine, tu cours toute la nuit comme un loup-garou, on t'assassinera. »

Dans le bois Mary et la Forêt-Noire, dans les vallées et les montagnes de Fontanges, de Saint-Paul et du Falgoux, se cachaient : 1° les dix prêtres de la communauté de Fontanges : deux Blanc, dont l'un était curé; deux Chavaroche; deux Delmas, oncles de M. Vidal, vicaire général de Saint-Flour; Joanny, Bonnet, Thoury et Gindre-Dufayet; 2° les onze prêtres de la communauté de Salers : Jean-Marie Rolland de Théran, curé; Pierre Sauvage; Raymond Denchanet; Jean-Marie Tissandier; Barthélemy Sau-

vage; Paul-François Spinouse; Antoine Gros de
Nozerolles; Jacques-Etienne Dufayet; Antoine Ban-
charel; Guy Rolland-Lacoste; Louis Rolland de
Lavéronie; 3° Bardet de Burc et Jacques Déribier,
curé et vicaire de Saint-Paul; Louis Rigal, curé de
Falgoux; Jean Lafarge, du Vigean, vicaire du Falgoux; Dubaron de Layac, curé de Saint-Vincent;
Maisonneuve, de Saint-Vincent; Rivet et Jean-Bap-
tiste Chayvialle, vicaires d'Anglards; Pierre Mailhes,
de Saint-Martin; Matthieu-Marie de Montclarc, d'Anglards, etc.

Quelques-uns de ces prêtres fidèles émigrèrent,
plusieurs furent emprisonnés ou déportés, le plus
grand nombre se cacha dans nos montagnes pendant
toute la Révolution.

Catherine se rendait auprès de ces confesseurs de
la foi, soit pour leur porter des provisions ou les
avertir du danger, soit pour les prier d'aller donner
les derniers sacrements à quelque malade qu'elle
leur indiquait, et auprès duquel elle les menait.
C'était elle qui le plus souvent portait la *pierre de
marbre*. Il y a quelques années, on a trouvé des
burettes dans les murs d'une vieille grange, qu'on
démolissait dans les montagnes de Saint-Paul. A
propos des prêtres que je viens de nommer, Françoise Maury aimait à raconter le trait suivant. Nous

allions une nuit, la Catinon-Menette et moi, dans les bois du Falgoux où se cachaient plusieurs prêtres ; ces pauvres malheureux y avaient bâti une cabane avec des branches de sapin; nous leur portions des provisions que nous avions ramassées à Mauriac et dans les villages. Arrivées dans les plaines d'Anglards, nous aperçûmes non loin du chemin, au milieu d'un marais, un objet noir et blanc, quelque chose qui ne nous paraissait pas naturel. Quelqu'un voulait-il nous faire peur? Était-ce une illusion de nos yeux, ou un effet de la Providence qui permettait cette vision pour nous engager à prier? Je ne sais ; nous passâmes sans nous arrêter. Après avoir fait quelques pas, la Catinon-Menette me dit : « Mon Dieu! mais pourtant nous aurions bien fait de prier un peu. » Nous revînmes sur nos pas, et, agenouillées près de la vision, nous dîmes un *De profundis* pour les morts. Nous n'avions aucune peur. Tout à coup la vision disparut. Nous reprîmes tranquillement le chemin des montagnes, priant Dieu et convaincues que quelque chose du Ciel avait apparu là.

Citons encore quelques traits.

Catherine se rendait pendant la nuit dans les rochers d'Escouaillers, accompagnée d'une femme qu'on appelait la Ferrandière. Leurs paniers étaient pleins. Après avoir dépassé le puy Saint-Mary, au milieu des bruyères, elles entendent tout à coup un bruit doux comme une mélodieuse musique. Qu'est-ce? Impossible de le deviner. Depuis longtemps aguerrie, la Menette n'est point troublée de ce phénomène étrange; mais la Ferrandière s'évanouit. Que faire de cette femme pâmée de terreur? La laisser là et continuer la route? Mais elle y serait morte! La reconduire à Mauriac? Mais les provisions, qu'allaient-elles devenir? L'embarras était grand. Enfin pourtant Catherine a pris sa détermination; elle laisse ses paniers à la garde de Dieu, et prenant la Ferrandière par le bras, vous la ramène résolument à Mauriac, bien déterminée à ne plus désormais s'embarrasser d'une compagne de voyage. Après avoir bien cadenassé dans sa maison la Ferrandière plus morte que vive, et qui aussi avait pris une résolution, celle de ne plus sortir la nuit, Catherine revient à ses paniers, et arrive heureusement au terme de sa course.

Dans sa vieillesse, rappelant ce fait et le précédent, elle ajoutait avec son sourire ordinaire : « Jusque-là je n'avais pas cru aux revenants; eh bien ! depuis j'y crois un peu. »

Deux jeunes gens voulaient se marier : rien de mieux. La demoiselle dit au jeune homme: « Ecoute, je ne veux pas me marier comme une païenne; il faut nous confesser. — Je veux bien, répond le garçon, mais où trouver un prêtre? — Je m'en charge, reprend la jeune fille, et elle court chez une voisine. La voisine s'achemine vers je ne sais quel village ou forêt de Chalvignac, elle est de retour pendant la nuit, amenant un prêtre. Celui-ci bénit les deux époux dans la maison de la jeune fille, au fond de la rue Saint-Mary; c'était en septembre 1794. Les nouveaux mariés étaient Joseph-Marie Bonnefon (1) et Marie Ronnat, nièce du curé de Mauriac, exilé en Espagne. Le prêtre était M. Baldus, et la voisine, on l'a deviné, Catinon-Menette. Je cite ce trait entre cent autres pour donner une idée de la manière dont étaient célébrés les mariages à cette époque d'horrible mémoire. Catherine servait souvent de témoin, comme le constatent les vieux registres de l'église de Notre-Dame-des-Miracles.

Les brutales semonces que recevait Catherine ne la corrigeaient pas de son *entêtement* à secourir les malheureux prêtres, elle faisait le lendemain ce qu'on lui avait défendu la veille; maintes fois son dévouement faillit lui coûter cher. Elle est arrêtée un jour avec Françoise Maury et M. l'abbé Bachélerie

(1) La famille Bonnefon, une des plus anciennes de Mauriac, a produit des littérateurs, des médecins, des jésuites, des prêtres et des magistrats distingués.

5

de Moussages; celui-ci s'échappe, mais Catherine, de brigade en brigade, est conduite à Aurillac et enfermée au couvent de Saint-Joseph, transformé en prison. Là elle garda sa belle humeur; elle parlait de son mieux aux prisonniers, leur rendait de petits services, dissipait leur tristesse, les entretenait du bon Dieu et de la bonne Vierge. Parmi ces malheureux se trouvait une dame qui avait grand'peur de la mort; la sœur trouva moyen de faire descendre dans cette âme une lueur d'espoir. Après tout, disait-elle, il ne faut mourir qu'une fois; c'est une gloire de donner sa vie pour Jésus-Christ; pour mon compte, ajoutait-elle, je serais heureuse de verser mon sang pour la défense de la foi. Plus tard, en effet, la pieuse fille manifesta le regret de n'avoir pas été digne du martyre.

Après quelques semaines de prison, elle paraît devant ses juges, résolue en son âme et conscience de ne trahir ni la vérité ni nul au monde. Elle répond exactement aux questions qui lui sont faites, quand ces questions ne compromettent personne; dans le cas contraire, elle garde un silence obstiné. On lui demanda si elle n'avait pas vu de prêtre, cette question l'embarrassa; pressée, poussée à bout, elle jette soudain ses regards sur un prêtre apostat qu'elle voit devant elle et s'écrie : « J'en ai vu comme j'en vois maintenant. » Cette parole la sauva, car les juges, ne songeant pas à la présence du nouveau Judas, crurent que cette réponse signifiait qu'elle n'avait jamais vu de prêtres, et ordonnèrent l'élargissement de la prisonnière.

Si les coupe-têtes de la révolution n'eurent pas soif du sang de Catherine, il leur plut du moins d'insulter à sa pudeur. Quelques misérables reçurent l'ordre de la fustiger publiquement.

A Mauriac comme à Aurillac, Catherine fut souvent l'objet de sanglantes ignominies. Dieu proportionne les peines à la grandeur d'âme; et l'âme de la sainte fille était grande et forte.

Dans toutes les villes, dans toutes les bourgades de la France, les révolutionnaires se livraient aux plus ignobles saturnales. A Mauriac, des bandes dévergondées de sans-culottes couraient les rues, portant des drapeaux, chantant la *Marseillaise* et le *Ça ira*, criant, hurlant, tambourinant, dansant, chansonnant les dévotes, poursuivant de leurs brocards les grandes dames, et narguant les femmes en vrais ribauds.

On appelait cela la farandole. C'était beau, surtout quand on pouvait s'emparer d'une dévote, d'une religieuse; les patriotes alors ne se possédaient plus de joie. La pauvre Catherine leur procura souvent ce bonheur ; ils la traînaient dans les rues ; montée à rebours sur un âne, elle marchait dans le triomphe de l'ignominie au milieu d'une foule sans pudeur et sans frein. Les enfants hurlaient, les jeunes gens chantaient ; quelques-uns en habits d'arlequin, d'autres couverts d'ornements sacrés, dansaient, faisaient des cabrioles, ivres d'impiété. C'était un déchaînement de toutes les passions impures, un délire sans exemple. La servante de Dieu supportait tout avec calme, heureuse d'être, comme le divin Jésus, la risée des méchants.

La farandole n'était pas le seul passe-temps de la révolution. Elle dansait encore la carmagnole, souvent sur des têtes de prêtres et de nobles, en présence de la sainte guillotine. On donnait ce nom à la danse que l'on faisait autour des arbres de la liberté. Citoyens et citoyennes, tous devaient s'y rendre. Les grandes dames s'y trouvaient avec les ménagères de bas étage, le bourgeois avec l'ouvrier. Tout le monde dansait, à cœur ou à contre cœur. Malheur à celui qui s'y refusait ! Il était déclaré suspect et mis en réclusion. Les religieuses, les belles dames, les menettes, étaient l'aliment le plus appétissant de ces fêtes républicaines. On les menait au pied de quelque arbre de la liberté, et là, en adoration devant ce Dieu (1), on les forçait à l'embrasser à deux genoux ; puis, la danse commençant, elles étaient emportées dans un tourbillon de jeunes gens démoralisés, dans un ouragan de fanfares et de cris.

Dans notre triste cité, nos républicains dansaient la carmagnole autour de l'arbre de la liberté, le plus souvent autour de la fontaine publique. On terminait la fête par un branle, un branle à tout rompre. Malheur à celui qui brisait la chaîne en lâchant la main de son voisin ! Le mouvement subit imprimé aux danseurs le lançait comme un peloton sur le pavé de la rue ou contre une muraille. Une pauvre fille, une fois, mourut trois jours après des suites d'une de ces violentes secousses. Catinon-Menette souvent faillit y laisser la vie. — « Oh ! pauvres ! disait-elle dans la suite avec son sourire de sainte, si vous saviez, comme on me faisait danser la carmagnole ! — Mais, Menette, lui disait-on, pourquoi vous laissiez-vous traiter de la sorte ? — Eh ! pauvres, répondait-elle, que vouliez-vous que je fisse ? Ils m'auraient tuée ! »

Pendant qu'à Mauriac la Dominicaine luttait corps

_____

(1) A Mauriac, l'*arbre sacré* de la liberté fut un jour dépouillé d'une partie de son écorce ; le conseil municipal, par arrêt du 16 avril 1795, ordonna que *cent cinquante francs* seraient donnés au dénonciateur du coupable.

à corps avec la misère et l'impiété, Françoise Maury se livrait à Salers avec ardeur au soulagement d'une population exténuée; car là aussi la disette était grande et le désordre au comble. Il n'était pas rare de voir de pauvres gens tomber de défaillance sur le pavé des rues (1).

La municipalité essaya de réorganiser l'Hôtel-Dieu, qui était en complet désarroi depuis le départ, pour refus de serment, de l'abbé Barthélemy Sauvage, administrateur temporel et spirituel de cette maison des pauvres. Il fallait une femme dévouée. Le conseil municipal de Salers écrivit à Mauriac, et le citoyen Sauvat, procureur du district, lui envoya Françoise Maury. Cette noble amie de Catherine ne recula devant aucun sacrifice, devant aucun danger, et se présenta à la municipalité de Salers le 5 décembre 1793.

« Là, le maire, dit le procès-verbal de la séance, a fait lecture d'une lettre à lui adressée par le citoyen Sauvat, procureur syndic du district de Mauriac, lequel, d'après une invitation à lui faite par la municipalité de Salers, envoie la citoyenne Françoise Maury, résidante en la ville de Mauriac, à l'effet de servir de gouvernante dans la maison de l'hôpital de cette ville; et après que ladite Maury a

(1) Cahier des délibérations de la municipalité de Salers.

comparu devant la municipalité, d'après l'assurance
à elle donnée par ledit procureur syndic du civisme,
des bonnes mœurs, de la conduite et de l'intelligence de ladite Maury, la municipalité, de l'avis
du citoyen procureur de la commune, a arrêté avec
ladite Maury et convenu ce qui suit, savoir : que
ladite Maury promet de se rendre en ladite maison
de l'Hôtel-Dieu de cette ville, à office de gouvernante, pour avoir soin des pauvres, meubles et linge
qui lui seront délivrés, et dont elle se chargera
d'après l'inventaire fait, y fera travailler les pauvres
et les élèvera d'après les lois et décrets de la Convention, et autrement fera tout ce qui est relatif
audit service, et ce sous le salaire annuel de cinquante livres... Convenu qu'après avoir rempli les
charges que son service exige, le travail qu'elle
pourra ensuite faire sans sortir de la maison, sera en
pur profit pour elle. Lesdites conventions faites pour
le temps et espace de quatre années, qui commen-
ceront à prendre cours le 22 du courant (12 décembre
1793), jour auquel elle a promis de se rendre dans
ladite maison, où elle sera logée, nourrie, éclairée
et blanchie... » Françoise prêta serment de fidélité à
la nation, et se mit à l'œuvre le 12 décembre 1793.

Ainsi dans cet âge de fer, pendant que les me-
neurs de la révolution, tout en faisant parade d'une

philanthropie tapageuse, et grand bruit du mot *fra-ternité*, laissaient le peuple mourir de faim, im-puissants à le rassasier après l'avoir affamé, deux pauvres femmes, douces et modestes, à Salers et à Mauriac, apportaient sans bruit un grand soulage-ment à ce même peuple, cette éternelle victime de toutes les révolutions. Chose étrange! ces adminis-trateurs de district, ces fiers municipaux, ces pro-cureurs de commune, tous apôtres de la démocra-tie, travailleurs à l'œuvre de la destruction de la vieille société française et de l'Eglise de Dieu, qui se posaient en régénérateurs de l'humanité et créa-teurs d'un nouveau monde, offraient le spectacle ridicule et beau d'hommes impuissants à rien fon-der, incapables de soulager la détresse publique, et obligés, pour arrêter les flots par eux soulevés et toujours montants d'une misère inouïe, d'avoir hum-blement recours à deux dévotes, des menettes, des femmes de rien, pâture de farandole et de guillotine!

Et pourtant, dans les écrits de cette époque, dans les discours et les procès-verbaux des administra-tions, des assemblées, on lit des paroles magnifi-ques, des promesses généreuses, des théories sublimes! C'est l'âge d'or qui vient, la pauvreté qui s'en va! C'est, pour le peuple, la fortune, le bon-heur et des flots de délices! Mais en réalité, que contient ce beau langage? Des rodomontades ridicules, des vanteries cruelles, des utopies sauvages, aboutissant au meurtre. En fin de compte, il faut en revenir aux bigotes, aux menettes.

C'est l'éternelle impuissance et l'éternelle contradiction de l'impie. Fort à remuer les abîmes, à déchaîner les vents, il est impuissant à rétablir le calme. Il bafoue la religion, qu'il appelle fanatisme; il désole la piété des âmes saintes; il jette à pleines mains la boue sur l'Eglise et ses ministres, et pourtant il trouve bons les sacrifices, la charité, les dévouements de cette Eglise et de ces âmes saintes. Il aime les œuvres; il n'aime pas la religion qui les inspire. Tant que Catherine et Françoise ne s'occupaient qu'à ranimer les courages, secourir les pauvres, soulager les malades, on les supportait, on les admirait même; mais s'avisaient-elles de s'agenouiller pour demander à Dieu de les rendre charitables, de raviver leurs forces, de grandir leur dévouement, on leur en faisait un crime impardonnable, on les jetait sans pitié dans les cachots et dans les farandoles.

Heureusement ces deux filles du Ciel se souciaient fort peu des contradictions humaines et des brutalités du monde; elles poursuivaient quand même leur œuvre d'humanité, n'attendant que de Dieu le prix de leurs travaux, la récompense à leurs vertus.

5.

CHAPITRE VII.

En 1795, la sixième année de la révolution, la France, haletante, épuisée, teinte de sang, triste de la mort violente de ses plus nobles fils, n'en pouvait plus et demandait halte et repos. Robespierre était tombé sous le couteau de la guillotine avec les plus fougueux terroristes; et la Convention, comme épuisée elle aussi par sa propre rage, sembla prendre un instant des idées nouvelles, des sentiments plus humains.

Au mois de février 1795, elle décréta que tous les citoyens français seraient libres désormais de pratiquer leur religion, à condition pourtant « que l'Etat ni les communes ne fourniraient aucun édifice pour l'exercice du culte, et que les cérémonies religieuses seraient interdites hors de l'enceinte extérieure. » C'était un pas vers la liberté. Aussitôt que ce décret fut connu dans nos contrées, les populations s'é-

murent, joyeuses et frémissantes, croyant de bonne
foi à la résurrection du culte catholique. Les prêtres,
avertis par Catherine que la *religion est revenue*,
sortent des bois, des cachettes, se rapprochent des
villages et des villes, et reparaissent au milieu de ce
monde impie de démocrates, étonnés de revoir ces
revenants d'outre-tombe qu'ils croyaient à jamais
disparus.

L'entrée des églises leur est pourtant défendue;
les fidèles se mettent à planter des croix de tous côtés,
sur les chemins, au milieu des villages, dans les
communaux, et là, autour de ces signes de salut, les
populations agenouillées font leurs prières, entendent la messe et versent des larmes de joie. Les vieillards de la paroisse d'Ally parlent encore avec émotion des grand'messes chantées en plein air dans le
couderc de Chapvergne, où étaient réunis les habitants de tous les villages voisins. Le plus souvent
c'était Catherine qui portait les ornements sacrés
d'une croix à une croix, et qui dressait les autels,
aidée des âmes pieuses.

Cependant les catholiques demandaient avec instance l'ouverture des églises; on la leur refusait. Des
attroupements se formaient çà et là. Une révolte
éclate enfin à Mauriac dans la nuit du 5 avril 1795.
On la réprime à coups de sabre; le conseil de la com-

mune, sur la proposition de l'agent national, arrête, dans sa séance du 8 avril : 1° que tout rassemblement autour des croix ou ailleurs est rigoureusement interdit'; 2° que les croix nouvellement érigées et les signes quelconques du culte religieux seront abattus (1). La joie de Catherine et des populations ne fut donc pas de longue durée.

Cependant le 30 mai de la même année, par un nouveau décret, la Convention autorise les municipalités à restituer aux prêtres les églises qui n'ont pas été vendues. Nouvelle mystification pour les catholiques ! Les églises sont restituées, oui, mais aux jureurs, non aux prêtres fidèles, qui sont toujours repoussés impitoyablement. De là de nouveaux soulèvements.

Le 14 juin 1795, au moment où le conseil de la commune entrait au lieu de ses séances, un attroupement considérable d'habitants envahit la cour et l'escalier de la maison commune, « insistant avec tumulte sur ce qu'il leur fût permis d'appeler les prêtres non assermentés pour remplir dans cette commune le ministère du culte (2). »

_____

(1) Cahier des délibérations ; je tire de ce cahier les détails du présent chapitre.

(2) Le mot *assermenté* signifie *qui prêta serment ;* et le mot *insermenté*, *qui ne prêta pas serment.* Ceci soit dit pour les menettes.

La séance fut orageuse et le résultat entièrement nul. De la maison commune la multitude se porta au ci-devant collége, réclamant divers ornements d'église qu'on y avait déposés et confiés à la garde du citoyen Mas. Dissipé une première fois, l'attroupement se forme de nouveau, enfonce la porte de la chambre du citoyen Mas, et brise des statues de plâtre déposées au musée national. La force publique parvint pourtant à rétablir l'ordre dans la rue mais non dans les esprits. Ce bruit sourd, ce frémissement lugubre qui annonce les tempêtes, s'élevant les jours suivants du sein de la population mécontente, oblige la municipalité à ordonner que la gendarmerie, la garde nationale et tous les citoyens seraient toujours prêts à prendre les armes au premier signal.

C'est au milieu de ces fâcheux évènements que Dieu envoya à Catherine, sa fidèle servante, une autre douleur, celle de perdre un zélé coopérateur dans ses œuvres de charité, un homme qui honorait l'humanité dans un temps où c'était presque une gloire de se montrer plus féroce qu'un tigre. Le brigadier Barré tomba malade. Il dit à Catherine, qui le servait, qu'il désirait voir M. l'abbé Baldus avant de mourir. Le caractère hardi, entreprenant, de ce jeune confesseur de la foi, avait vivement excité les sympathies du gendarme. Ces deux hommes s'étaient liés d'une affectueuse amitié depuis leurs premières rencontres dans les périls de la révolution. La Menette avertit M. Baldus. Il àrrive secrètement. Le brigadier, dont Dieu récompensait le dévouement par des sentiments vraiment chrétiens, se confesse avec une grande foi, avec la franchise d'un soldat. Le ministre du Dieu consolateur offre, dans la chambre même du malade, le saint sacrifice pour le bien spirituel de son ami, et lui administre les derniers sacrements. La séparation de ces deux hommes fut touchante ; ils se voyaient pour la dernière fois. Le gendarme prend le prêtre dans ses bras avec une émotion vive, avec des larmes abondantes. — « Je ne pouvais me débarrasser de ses embrassements, racontait M. Baldus à un de ses élèves, qui fut plus tard curé d'Escorailles, c'était un prédestiné; je suis sûr de son salut. » Matthieu Barré mourut le vendredi 3 juillet, âgé de 54 ans.

Quelques jours après, le 12 juillet, nouvelle insurrection des populations catholiques. Le Maire et le Procureur de la commune du Vigean, qui trouvaient toujours des prétextes pour entraver la liberté des cultes, furent poursuivis par une émeute jusqu'à Mauriac et assiégés dans la maison de Diernat Delkaïre. On battit la générale, et la garde nationale accourut à leur secours ; elle les arracha aux mains de l'émeute et les conduisit à la maison commune de la ville, où ils furent à l'abri de la fureur de la multitude qui les suivit jusque-là. Ce n'est que le soir que les habitants du Vigean rentrèrent chez eux, irrités des indignes menées des révolutionnaires.

Sur ces entrefaites, l'administration du département du Cantal, pour apaiser le peuple, qui de toutes parts demandait avec insistance les prêtres fidèles et pour faciliter à ceux-ci la soumission aux lois qu'on exigeait, autorisa les municipalités à admettre les restrictions relatives aux opinions religieuses dans les actes de soumission aux lois de la république, exigés par la loi du 11 prairial an 3 (30 mai 1795), des citoyens qui désireraient exercer un culte public. Cet arrêté arriva à Mauriac le 21 juillet. Voyant qu'il ne s'agissait plus du serment à la constitution civile du clergé, et que dans la soumission aux lois qu'on leur demandait il n'y avait rien de contraire à leur foi, les prêtres fidèles firent pour la plupart cette soumission, et eurent ensuite la liberté de se livrer publiquement à l'exercice du culte catholique. Ce fut au commencement du mois d'août que les cérémonies religieuses reparurent en plein jour à Mauriac.

Le culte se réorganise activement dans toutes les paroisses. M. Matthieu de Condamine, ci-devant su-

périeur des missionnaires de Salers, en vertu des pouvoirs à lui délégués par l'Evêque en exil, nomme aux cures et aux vicairies dont les titulaires étaient morts ou absents.

A côté de cette Eglise sainte qui reparaît, on voit ce qu'on appelait l'*Eglise constitutionnelle*, formée par les prêtres assermentés. A Mauriac, elle se composait d'un certain nombre d'enragés démagogues et de trois ou quatre prêtres jureurs qui traînaient ignoblement leur scandaleuse vie dans les rues de la ville. L'autorité civile les soutenait, mais le peuple les abhorrait, les insultait; partout ils étaient poursuivis des huées de la foule (1). Les révolutionnaires eux-mêmes les tournaient en ridicule, les méprisaient, et faisaient baptiser leurs enfants ou bénir leurs mariages par les prêtres fidèles, comme le constatent les vieux registres de l'église de Notredame des Miracles, tenus par ces derniers.

Ces registres contiennent régulièrement tous les actes des baptêmes, des mariages et des sépultures faits pendant six mois : août, septembre, octobre, novembre, décembre 1795 et janvier 1796. Les prêtres fidèles dont on y trouve le nom, sont : MM. Ternat, Counil, Leymonie, Mailhes, Déribier, Chinchon, Blanc et Matthieu. Celui de Catherine Jarrige y fi-

(1) Cahier des délibérations.

gure souvent aussi. C'est que la pieuse fille aimait à
se trouver partout où il y avait une bonne œuvre à
faire, une bonne action. Les prêtres sortis des cata-
combes ou revenus de l'exil trouvèrent en elle une
femme de grand secours dans l'œuvre sainte du réta-
blissement de la religion dans nos montagnes. Ils
achetèrent les débris des ornements sacrés, quelques
chasubles échappées aux feux de joie et conservées
pour les travestissements dans les farandoles et les
mascarades; aidée de quelques femmes pieuses,
Catherine les lavait, les rapiéçait, les mettait en ordre.
L'église de Notre-Dame étant à la disposition des
jureurs, les prêtres fidèles disaient la messe dans des
maisons et des chapelles particulières; c'était encore
Catherine qui ornait ces chapelles, qui dressait l'autel dans ces maisons.

Dans les registres des six mois susdits, on voit
qu'elle fut marraine, pendant ce laps de temps, de
quatorze enfants. Or si, à cette époque de tolérance
où les parents pouvaient paraître librement aux cérémonies religieuses et tenir eux-mêmes leurs enfants aux fonts baptismaux, Catherine a été pourtant si souvent employée à ce saint ministère, qu'était-
ce donc durant l'atroce persécution qui précéda et
suivit cette époque, alors qu'il y avait peine de mort
contre les prêtres et contre tout citoyen surpris en

flagrant délit de prier Dieu? Ils n'est donc pas étonnant que Catherine ait eu tant de filleuls et de filleules.

En parcourant les registres de catholicité dont nous parlons, on remarque encore que la pieuse sœur ne fut marraine que d'un seul nouveau-né au mois d'août, tandis qu'elle le fut de huit au mois de janvier suivant. Il y a gradation ascendante dans le nombre à mesure qu'on approche du terme fatal où la liberté finit par disparaître de nouveau. Cela s'explique. Au mois d'août, la liberté est réelle; chacun peut prier Dieu à sa guise et manière; les familles réjouies ne craignent point de se montrer publiquement aux offices religieux, aux baptêmes, aux mariages. Mais dans les mois suivants, la liberté, outragée, conspuée, se retirait peu à peu, et le sans-culottisme reprenait son empire. Les prêtres, effrayés par les hurlements de la rue, par les menées intéressées des schismatiques, paraissaient plus rarement en public. Il fallait alors plus de courage aux catholiques pour se présenter aux cérémonies religieuses, et, le danger croissant toujours, ils finissaient par ne plus s'y montrer. Ils confiaient leurs enfants à la courageuse fille, qui les portait à un prêtre; de sorte que, moins les fidèles paraissaient aux cérémonies publiques du culte, plus

Catherine s'y montrait. Voilà pourquoi au seul mois de janvier 1796, où la fureur révolutionnaire avait repris toute son énergie, elle tint un si grand nombre d'enfants aux fonts sacrés du baptême.

La liberté religieuse fut de courte durée; la Convention, ce fléau de Dieu envoyé pour châtier les crimes de la France, fut dissoute le 26 octobre 1795, et remplacée par un nouveau gouvernement non moins brutal, le Directoire, « ce régime, dit M. de Tocqueville, qui était une anarchie tempérée par des violences; » les lois les plus révoltantes furent remises en vigueur. « Désolez leur patience, disait le Directoire en parlant des prêtres, dans une circulaire envoyée aux commissaires des départements, désolez leur patience; enveloppez-les de votre surveillance; qu'elle les inquiète le jour, qu'elle les trouble la nuit; ne leur donnez pas un moment de relâche; que sans vous voir, ils vous sentent partout à chaque instant. » Ces ordres, dignes d'un gouvernement de cannibales, furent fidèlement exécutés. Les confesseurs de la foi rentrèrent dans leurs sombres retraites, tandis que les jureurs jouirent d'une pleine et entière liberté.

A Mauriac, la nouvelle des nouveaux décrets de persécution surexcita vivement l'opinion publique. Une nouvelle insurrection éclate le 3 novembre

1795. Des hommes enfoncent la porte de la salle des séances du conseil de la commune, « malgré les représentations sages et pacifiques qui leur sont faites ; et ils s'écrient qu'ils réclament les prêtres insermentés, et que, s'ils ne peuvent parvenir à les avoir aujourd'hui, ils les auront demain (1). » La gendarmerie et la garde nationale ne peuvent venir à bout de rétablir la tranquillité publique. On demande main-forte aux brigades voisines ; elles arrivent à Mauriac quatre jours après, et le lendemain, 8 novembre, on lance un mandat d'arrêt contre l'abbé Chinchon, qui ne s'était pas enfui. La terreur comprime un moment la légitime irritation d'une ville poussée à bout par des cruautés sans pareilles.

Le 14 février 1796, de nouveaux attroupements se forment contre les jureurs, que les fidèles ne peuvent s'accoutumer à voir exercer leurs fonctions sacrilèges dans l'église de Notre-Dame-des-Miracles. Des femmes les chassent ignominieusement du sanctuaire ; la force armée les y ramène, et pose des sentinelles aux portes. « Un instant après, une sentinelle crie à la garde nationale qu'une citoyenne, nommée Marie Villebonet, vient de lui jeter au visage une poignée de cendres. Un garde national, l'ayant saisie en flagrant délit, en a reçu un souf-

(1) Cahier des délibérations.

flet (1). » La bonne femme fut enfermée dans une maison d'arrêt ; il y eut de nombreuses dénonciations et des emprisonnements. La liberté fut ainsi définitivement étouffée par la force brutale, et les catholiques durent se résigner à prier tristement dans le secret de leurs maisons, tandis que les jureurs et leurs partisans marchaient tête levée et triomphaient dans la ville.

La pauvre Catherine, qui souffrait tant des longues iniquités accomplies autour d'elle, reprit sans murmure son train de vie, ses courses nocturnes, son *garlou*, ses chansons patriotiques et ses déguisements.

(1) Rapport fait au conseil municipal.

CHAPITRE VIII.

Catherine pendant les quatre dernières années de la révolution. — La messe du bouvier. — Autres ruses de la dominicaine. — Deux voyages à Surgères. — Fin de la révolution.

Retenu par l'opinion publique, qui chaque jour devenait meilleure, le Directoire n'osait couper les têtes ; mais dans son ardeur à décatholiciser la France, il infligeait aux prêtres une mort plus cruelle. Par ses ordres, ils étaient déportés à Cayenne en Amérique, où ils mouraient dans les déserts de la faim ou de la peste. C'est là que finirent leurs vies, en vrais martyrs, les abbés Gabriel Maury, de Moussages, et Roueyre, de Fontanges.

De toutes les parties de la France arrivaient des charretées de prêtres aux ports de Bordeaux, de la Rochelle, d'Oléron et de Rochefort. La guerre avec l'Angleterre ne permettant pas aux navires de quitter les côtes, des milliers de ces confesseurs de la foi moururent sur ces vaisseaux, où ils étaient pêle-mêle entassés, mal nourris, mal vêtus, rongés par la vermine. Fialeix et Jarric, d'Ally, consommèrent leur martyre, l'un à Rochefort, l'autre à Bordeaux.

Ceux qui restèrent dans nos montagnes y vécurent comme y vivent les loups. Toujours tourmentée d'un inépuisable besoin de secourir, Catherine continua à leur prodiguer ses soins et à les conduire auprès des malades et des pauvres. Citons encore quelques traits.

Géraud Lavialle, frère du vénérable chanoine de ce nom qui habite actuellement Mauriac, travailla, à son retour d'Espagne, avec un merveilleux courage au bien spirituel des âmes pendant la persécution. Il parcourait déguisé les paroisses des cantons de Salers et de Mauriac. Une nuit il quitte Surgères, son village natal, et prend le chemin de Mauriac. Catherine, la même nuit, préparait chez Françoise Maury un autel et les ornements sacrés. Une de ses nombreuses filleules, Catherine D..., une petite babillarde, l'avait suivie. — Ecoute, mon enfant, dit la Menette, comme il n'y a plus de prêtres maintenant, nous allons faire dire la messe au bouvier; tu n'en diras rien, n'est-ce pas? — « Je crus naïvement, m'a raconté l'enfant qui vit

encore, mais qui n'est plus petite fille, je crus que
quelque bouvier allait dire la messe. En effet,
bientôt entre un homme plié dans un large manteau, avec des guêtres aux pieds, tout mouillé,
tout boueux. Il parlait peu, enfonçait son chapeau
jusqu'au bout du nez, et détournait la tête quand
je le regardais. Il ôta ses guêtres fangeuses, et me
pria avec un air de mystère de les faire sécher. —
Oui, oui, M. Lavialle, répondis-je, moi qui avais
tout compris. Cette réponse étonna désagréable-
ment tout le monde. — Tu me connais! me dit le
prêtre inquiet. — Eh ! oui, M. Lavialle, mais n'ayez
pas peur, je garderai le secret. On me fit tant de
remontrances, que, dans mon petit orgueil froissé,
je me mis à pleurer. Le peu de confiance qu'on me
témoignait me fâchait, et on eut toute la peine du
monde à me consoler. Le prêtre dit la messe, con-
fessa plusieurs personnes, et disparut malgré la
nuit, malgré la pluie. Quant à moi, malgré tout,
je gardai le secret; de longtemps je ne parlai de la
messe du bouvier. »

Nous n'avons pas encore dit toutes les ruses de
la pieuse fille. Les patriotes étaient adroits; elle ne
l'était pas moins. Aussitôt qu'un enfant était venu
au monde, la maison était surveillée, espionnée.
Là est né un enfant, disaient les agents du pouvoir

révolutionnaire, donc là il y aura un calottin cette nuit pour le baptiser ; ayons l'œil dessus. Dans les premiers temps de la terreur, les fidèles et les prêtres se laissaient surprendre ; ils se ravisèrent. Là est un nouveau-né, disait Catherine, dans son cœur riche de tendresses ineffables, donc là je ne conduirai pas de prêtres. En effet, au lieu de mener le prêtre à la maison de l'enfant, elle portait l'enfant à la maison du prêtre, ou bien, si le trajet était long, elle déposait la pauvre petite créature dans quelque chaumière isolée, et allait au loin chercher un ministre de Dieu. Chose étonnante ! dans les longs voyages qu'elle faisait faire à ces petits enfants, pliés dans son tablier, jamais ils ne pleuraient.

Un jour, un de ces chers petits êtres naquit au village d'Albo. Catherine, appelée, le prend dans son tablier, le couvre de son capuchon, et le porte à la ferme si solitaire de Crescença quand la nuit est venue ; puis elle se met en quête d'un prêtre. Elle amène M. Senaud, de Lavergne. Le fermier est parrain ; la fermière refuse d'être marraine : elle avait tant peur des patriotes, la pauvre femme ! Plus tard, quand le petit garçon fut devenu grand, fut devenu pieux, fut devenu prêtre, elle en eut un mortel regret. Ce bel ange d'Albo, baptisé le

30 décembre 1797, s'appelle aujourd'hui M. l'abbé
Besse, ancien principal du collége, ancien aumônier du couvent de Notre-Dame, à Mauriac.

La même année mourut Antoine Chinchon, que
suivit dans la tombe, l'an d'après, Antoine Chevalier, deux confesseurs de la foi, qui reçurent de
notre héroïque sœur maints services signalés.

Un jour, dans une visite aux prisons, Catherine
rencontra un malade qui demandait un prêtre. N'en
trouvant pas à Mauriac, elle court à Surgère, et
amène M. Lavialle. Arrivés de nuit au domaine de
Marsalou, à un quart d'heure de la ville, le prêtre
et la Menette trouvent les gendarmes qui sortaient
de la ferme, emmenant deux ou trois grands gueux
ficelés et ferraillés on ne peut mieux. Durand Gar-
celon, le fermier, avait donné l'hospitalité à une
bande de ces gens en haillons qui courent les foires,
et une émeute avait éclaté tellement vive parmi
eux, qu'il avait été obligé, pour vider sa grange,
de recourir à la force publique. Notre coup est
manqué, dit Catherine en voyant sur le chemin
toute cette gueuserie enchaînée. Elle ne crut pas
prudent de conduire le prêtre à la prison au moment où le geôlier recevait cette intéressante recrue.

Elle éprouvait souvent de ces contre-temps fâcheux, la pauvre fille.

Une autre fois, elle fit prier M. Lavialle de se rendre jusqu'à Mauriac pour y administrer un malade. Le saint homme répondit que volontiers il se rendrait à la ville, mais que, ne connaissant pas la maison du malade, il priait Catherine d'aller l'attendre sur le chemin jusqu'à la carrière de pierre qui se trouve au-delà de Marsalou, sur la route d'Anglards, de se trouver là vers les neuf heures du soir, ajoutant qu'il s'y rendrait lui-même, et que le premier arrivé frapperait quelques coups de bâton sur une pierre pour annoncer sa présence. (On se gardait bien à cette époque de parler à haute voix.)

Soit que M. Lavialle se soit mal expliqué, soit que la commission ait été mal faite, le fait est que Catherine se méprit. Elle crut que le prêtre lui parlait d'une carrière de pierre située près de Surgère; de sorte que, la nuit venue, elle se rend par une pluie battante au lieu qu'elle pensait être le rendez-vous indiqué. De son côté, le saint abbé part et arrive à l'endroit qu'il avait désigné, la carrière de Marsalou. Les voilà donc, par une étrange méprise, à une énorme distance l'un de l'autre. Aussi eurent-ils beau frapper, chacun de son côté, et battre toutes les pierres du chemin, personne ne répondit à l'appel. Catherine eut une patience d'ange; il lui était pénible de revenir sans prêtre auprès de son malade. Elle allait et venait d'une pierre à l'autre, frappait, écoutait, s'agitait comme un spectre dans l'ombre. Enfin il fallut reprendre le chemin de Mauriac; elle y arrive vers minuit, ruisselante d'eau, après avoir pataugé dans toute la fange des chemins.

Cependant la révolution touchait à sa fin; les hommes qui l'avaient faite, étaient morts presque tous, sur l'échafaud, dans les prisons ou dans l'exil : c'était leur juste récompense. Le sang généreux des prêtres martyrs, après avoir satisfait la justice de Dieu, attirait sa miséricorde sur cette belle terre de France, destinée à être toujours la fille aînée de l'Eglise. Lasse, épuisée, elle soupirait ardemment après l'ordre et le repos.

Alors se rencontre un homme habile, ambitieux, qui, fort de ses victoires, fier de sa renommée, renverse le Directoire, met à la porte le conseil des Cinq-Cents, se fait nommer consul, et puis empereur. Napoléon, par le concordat de 1801, rend à l'Eglise ce qui lui était dû, la liberté. Les prêtres reparaissent, rentrent de l'exil; les églises sont ouvertes, l'ordre est rétabli.

Ainsi finit cette sanglante série de bouleversements, de meurtres, d'impiétés, de proscriptions, qu'on appelle la grande Révolution française.

Personne à Mauriac ne lutta avec autant d'énergie que Catherine contre ses infamies et contre ses fureurs. Elle combattait non par des paroles, mais par une action incessante. Cette pauvre petite femme qu'on voyait passer dans les rues, toute chétive, pauvrement habillée, à piteuse figure, qu'on appelait bigote entêtée, qui travaillait dans l'ombre et vivait à peu près inconnue du grand monde, du monde heureux, s'il y avait quelqu'un d'heureux alors ; qui ne paraissait à la surface de la société que pour y subir des humiliations odieuses, des tracasseries mesquines, pour y entendre des vociférations sauvages, des discours haineux, assaisonnés d'impiétés, émaillés de blasphèmes, cette femme montrait dans la tourmente un courage surhumain, un désintéressement complet dans le sacrifice, une expansion de charité miraculeuse, Elle faisait tout le contraire de ce que faisait la révolution : la révolution ouvrait larges les plaies des pauvres citoyens de Mauriac, ces chers enfants de sainte Téodechilde ; Catherine sans relâche en cicatrisait tant qu'elle pouvait avec une ardeur divine. La révolution trompait, amusait les populations par de vaines espérances d'un meilleur avenir ; la Sœur ne parlait pas, ne faisait point de promesses ; elle agissait, elle pourvoyait aux plus pressants besoins du jour. L'une désorganisait les hospices et jetait dans les rues des bandes affamées de malheureux; l'autre servait de garde-malade, de mère, de sœur hospitalière à tous les infirmes, à tous les orphelins, à tous les pauvres auxquels elle distribuait et son pain et sa vie. Celle-là enlevait l'indépendance et la liberté des âmes et des corps à des milliers de citoyens; celle-ci s'efforçait de donner à tous la sainte liberté des enfants de Dieu, en portant aux cachots les secours spirituels et l'espoir d'un monde meilleur. La révolution sans pitié chassait les prêtres; Catherine avec amour les retrouvait et les ramenait au monde. La révolution fermait les églises et repoussait la religion de partout; la Menette transformait en églises les caves, les greniers, les granges, quelquefois le désert, et ramenait toujours et partout la religion au chevet du malade, au grabat du prisonnier, à la couche du vieillard, au lit de l'époux, au berceau de l'enfant, à la tombe du mort.

Mais s'il est vrai de dire que Catherine eut une action saintement efficace sur la révolution dans notre pays, il est vrai aussi d'ajouter que la révolution réagit violemment sur le caractère impétueux et peut-être un peu vif de cette femme courageuse. Les terribles secousses qu'elle éprouva durant dix orageuses années, agitèrent, remuèrent si profondément son âme, que la pauvre fille, à force de tempêtes, d'ardente et légère devint calme, sereine et douce. Dieu forma cette chrétienne comme le sculpteur taille une statue, avec le fer et le marteau. Désormais nous trouverons en elle, dans toute sa plénitude, ce caractère merveilleux qui la distingua jusqu'à la mort : un heureux mélange de simplicité, de naïveté, de patience et d'amoureuse ardeur.

CHAPITRE IX.

Dans la nouvelle circonscription des diocèses de
France que firent de concert l'Empereur et le Pape,
l'arrondissement de Mauriac fut détaché du diocèse
de Clermont et réuni à celui de Saint-Flour. Ce fut
donc Mgr de Belmont, évêque de ce dernier diocèse,
qui rétablit le culte paroissial dans nos contrées.

L'enthousiasme fut au comble à Mauriac quand
M. Ronnat, rentré d'Espagne, reparut au milieu de
son cher troupeau, et lorsque pour la première fois
sonnèrent, au clocher à demi ruiné de Notre-Dame-
des-Miracles, les vieilles cloches échappées au vandalisme de la révolution. *Tout le monde pleurait.*
On devine le bonheur de Catherine et la grande
part qu'elle prit à la joie générale. Elle aida de
toutes ses forces à réparer le sanctuaire, à orner les

autels, à meubler la sacristie, à lessiver le linge que la foi des fidèles avait soustrait à la rapacité des patriotes.

La révolution avait tout balayé de son souffle destructeur; il fallait tout réédifier. Pendant que, aidé de ses vicaires Gély, Armand et Noyrit, tous confesseurs de la foi, le vénéré pasteur réorganisait la paroisse, les abbés Fouilhoux, Leymonie et Counil relevaient le collège; Catinon-Menette et Françoise Maury rétablissaient l'hospice, d'abord dans une petite maison, puis dans un corps de logis du couvent de religieuses.

Pendant trente ans, il n'y eut point d'autres sœurs hospitalières que ces deux femmes courageuses. Françoise Maury, revenue de Salers, dirigeait l'intérieur, conduisait le ménage; la Dominicaine était partout, dedans, dehors, chez le pauvre, chez le riche; elle était l'infirmière générale de la ville.

Au milieu des labeurs de son ardente charité, Catherine était souvent visitée de Dieu : des événements tristes venaient de temps à autre briser son cœur, et former devant elle comme une échelle de douleur, sur laquelle, d'échelon en échelon, la sainte fille montait vers les hauteurs de la perfection, toute ravie d'avoir chaque jour de nouveaux sacrifices à présenter à Dieu.

6.

En 1807, sa sœur Marguerite mourait saintement.
Elles habitaient ensemble à l'extrémité de la rue
Saint-Mary, dans une modeste mansarde d'une maison appartenant à leur cousin Chadefaux. C'est là
que la pieuse sœur dont nous écrivons l'histoire
passa la plus grande partie de sa longue vie.

Étienne Leymorie mourait en 1808; François
Noyrit, confesseur de Catherine, en 1810; Gabriel
Ronnat, en 1815. Tous ces saints prêtres échappaient
aux larmes et aux soins de la bonne fille. Jeanne,
une de ses sœurs, la quittait aussi, en 1815, pour
aller jouir au ciel de la récompense due à ses humbles vertus. Ses trois frères, qui étaient marchands,
moururent sans descendants; de sorte que Catherine se trouva seule au monde avec sa sœur Toinette,
cette pacifique fille qui lui survécut de quelques
jours. Ces deux femmes ne se ressemblaient pas :
autant Catherine était zélée, active, autant Toinette
était paisible et silencieuse. L'une était constamment
occupée aux saintes œuvres de la charité chrétienne;
l'autre ne quittait jamais l'humble mansarde, filait
bonnement sa quenouille ou tricotait son bas. C'é-
taient Marthe et Marie de l'Évangile.

M. Ronnat eut pour successeur un homme fort
distingué, M. l'abbé Charles de Douhet d'Auzers.
Né au château d'Auzers en 1771, noble dans ses

manières comme dans son origine , confesseur de la
foi dans les prisons de Paris et d'Aurillac (1), d'une
merveilleuse bonté et d'une charité remarquable, le
nouveau curé de Mauriac continua l'œuvre de répa-
ration de son vénérable prédécesseur , et releva bien
des ruines matérielles et morales ; il opéra des conversions éclatantes.

En 1817, l'autorité diocésaine fit réimprimer la
règle du tiers ordre de Saint-Dominique, et voulut
que cet ordre fût rétabli dans le diocèse. M. d'Auzers
le réorganisa à Mauriac, en adjoignant de pieuses
filles à Catherine , la seule survivante des anciennes
dominicaines. Naturellement , elle devait être Supérieure ; par humilité elle refusa cet honneur, et la
sœur Bouyges fut nommée. On ne put jamais lu
faire accepter aucune charge, aucune dignité. « Eh !
pauvres, disait-elle , je ne suis bonne à rien, moi ;
je ne comprends rien à ce que l'on fait aujourd'hui ;
je suis de l'ancien temps, je suis de l'ancien temps ! »

M. d'Auzers est le curé de Mauriac qui a le mieux
compris tout ce qu'il y avait de grand dans l'âme de
cette femme et de générosité dans son cœur. Aussi ,
quand il fut nommé grand-vicaire d'Amiens en
1822, regretta-t-il vivement, en partant de Mauriac,

---

(1) Dans les prisons d'Aurillac, il convertissait les détenus et
baptisait les enfants du geôlier. Il n'était encore que séminariste.

cette belle et fine perle de nos montagnes. Il eut pour successeur M. Cornus, qui, à son tour, fut remplacé, en 1825, par M. Giraud-Lescure, autre prêtre fidèle exilé en Espagne, qui gouverna la paroisse de Notre-Dame-des-Miracles jusqu'en 1839. C'est du temps de ce dernier curé que mourut la servante de Dieu. Or, les bonnes œuvres auxquelles travailla la sainte fille sous les quatre curés que nous venons de nommer, pendant la dernière phase de sa vie, qui dura trente-six ans, furent les mêmes, si nous en exceptons toutefois l'œuvre des prêtres, que celles qui l'avaient occupée avant et pendant l'orage révolutionnaire : l'œuvre des pauvres, l'œuvre des prisonniers, l'œuvre des malades et l'œuvre des morts.

L'œuvre des pauvres. — Les pauvres sont les amis de Dieu ; Catherine ne l'ignorait pas. Aussi les aima-t-elle toute sa vie de son plus vif amour, les regardant comme ses frères et comme les enfants bien-aimés de Jésus. « Quoique très-pauvre elle-même, Catherine fut toute sa vie la providence des nécessiteux, parce que les riches, heureux d'un intermédiaire aussi intelligent que discret, faisaient à l'envi de la pauvre fille la dispensatrice de leurs aumônes (1). »

(1) Notice historique, par M. Chabeau.

Pendant que Françoise Maury babillait, réchauffait, catéchisait les infirmes de l'hospice et les petits enfants que l'immoralité y déposait, Catherine voyait tout, pourvoyait à tout, était la confidente de toutes les douleurs, la dépositaire de tous les secrets, l'appui de toutes les faiblesses. La joie sur les lèvres, l'amour dans le cœur, elle pénétrait dans les réduits de l'indigence, elle frappait à toutes les portes, à la porte du riche, à la porte du pauvre : à celle du riche pour recevoir, à celle du pauvre pour donner. « Seule, pendant quarante ans, sans fonds affectés pour cela, elle a fourni à toutes sortes de misères les secours nécessaires, avec une charité, un dévoûment, une constance qui lui ont attiré l'estime et l'admiration de toute la ville (1). »

« Si vous aimez les pauvres, Philotée, dit saint François de Sales, mettez-vous parmi eux, prenez plaisir à les voir chez vous et à les visiter chez eux ; conversez volontiers avec eux ; soyez bien aise qu'ils vous approchent aux églises, aux rues et ailleurs ; soyez pauvre de langue avec eux, leur parlant comme leur compagne ; mais soyez riche des mains, leur départant de vos biens. Voulez-vous faire encore davantage, ma Philotée ? Ne vous contentez pas

(1) Rapport à l'Académie française.

d'être pauvre comme les pauvres, mais soyez plus pauvre que les pauvres ; et comment cela ? Le serviteur est moindre que son maître :: rendez-vous donc servante des pauvres ; allez les servir dans leurs lits quand ils sont malades ; je dis de vos propres mains soyez leur cuisinière et à vos propres dépens ; soyez leur lingère et blanchisseuse. O ma Philotée, ce service est plus triomphant qu'une royauté (1). »

C'est là juste ce que faisait Catherine ; elle était la servante de tous.

Surtout dans les quêtes, une bonhomie merveilleuse se manifestait en elle. En entrant dans la maison où elle allait chercher l'aumône, elle commençait par sourire ; point d'autres précautions oratoires ; puis elle disait : « Bonjour, Madame, je reviens encore ; oh ! ne vous fâchez pas ! » — C'était tout son discours ; on devinait le reste. Madame se fâchait quelquefois ; la Menette ne s'effarouchait nullement ; elle continuait à sourire et restait là. Elle ne se retirait que lorsqu'elle voyait dans sa main un morceau de pain ou une jolie petite pièce de monnaie.

« Vous êtes toujours là, Menette, lui disait-on parfois, allez-vous-en ; je ne veux rien vous donner... Vous n'en finissez pas avec vos pauvres... Allez-

(1) *Introduction à la Vie dévote.*

vous-en, vous dis-je. » La chère fille, sans se trou-
bler, laissait passer l'orage ; puis : « Voyez-vous,
disait-elle avec son éternel sourire sur les lèvres, je
suis comme le diable, qui ne s'en va jamais sans
emporter quelque chose (1). »

Quoique ses visites fussent fréquentes, on n'a
jamais ouï dire qu'elles fussent importunes ; les familles la voyaient revenir avec un nouveau plaisir.
Les reproches qui lui étaient adressés n'étaient jamais sérieux ; c'était une manière de dire, une familiarité qu'on se permettait avec une bonne femme
qu'on était habitué à voir chaque jour. La Sœur
comprenait parfaitement tout ce manége ; elle ne
s'en choquait jamais. Au contraire, plus on avait
l'air de tapager, plus elle s'obstinait à demander, à
rester, à sourire. Prenant pourtant parfois un air
grave et fâché, elle criait plus fort que ses interlocuteurs : « Ah ! vous autres, grande Madame, grand
Monsieur, vous avez tout ce qu'il vous faut, et de
l'argent, et du pain blanc, et de bon vin, et de
bons feux, vous vous souciez peu de ceux qui meurent de faim ou de froid ; mais ce n'est pas ça...

(1) Elle fait ici allusion à un vieux conte de nos montagnes,
qui dit que, pour renvoyer le diable, lorsque pour se désennuyer
il vient rôder dans les greniers, il faut lui donner quelque chose,
ne serait-ce qu'une vieille savate.

allons, voyons, donnez ou je prends. » Et brandissant son bras, cherchant des yeux, elle avait l'air de vouloir de vive force emporter la maison.

Un jour, elle entra chez Madame Laval ; la servante faisait les *bourriols*, espèce de galettes en farine de sarrazin très-estimées dans le pays. « Que venez-vous faire par là, Menette ? lui dit la bonne dame. — Oh ! ma pauvre Madame, répondit-elle, voyez-vous, j'ai le nez fin, j'ai senti les bourriols du milieu de la rue. » Elle en emporta quatre ou cinq pour ses pauvres.

Quand elle faisait sa tournée, on l'invitait ordinairement à manger, sachant qu'il n'y avait pas *grand fricot* chez elle. « Je n'ai pas faim, merci », disait Catherine. Quand on la pressait trop, pour se tirer d'embarras, elle prenait un moyen qui réussissait à merveille. « Vous voulez que je mange, eh bien, soit, disait-elle ; allons, portez tout, tout ce que vous avez de bon, de meilleur ! » On la servait ; elle s'emparait adroitement de tout, emplissait ses poches et s'échappait.

Après la révolution, n'ayant plus de voyages périlleux à faire, elle mit de côté ses poches en cuivre, et n'usa désormais que de poches en cuir ; elle en eut toujours de cette étoffe. Dans ses visites aux maisons bourgeoises, elle se présentait devant la dame, et lui montrant d'un regard et d'un sourire ses deux poches, toutes fières de leur gigantesque dimension, qu'elle tenait larges ouvertes avec ses deux mains, elle disait d'une étrange et joyeuse façon : « Mettez là, mettez là ! »

De temps en temps, elle faisait une ronde dans les campagnes. On la voyait passer dans les villages et les hameaux, butinant de maison en maison, comme l'abeille de fleur en fleur. Peu difficile sur le choix, parce qu'elle savait rendre toutes choses utiles, elle recevait tout ce qu'on lui donnait : du lard, du chanvre, de la laine, du fromage, des saucissons, du grain, du linge, des moitiés de tourte, même du bois, des choux, des habits ; les plus humbles aumônes lui étaient précieuses. Elle rentrait à Mauriac toute chargée des glorieux trophées de sa charité sainte.

Dans les années 1816 et 1817, la famine sévit cruellement dans le Cantal comme dans toute la France. Le curé de Mauriac, le *bon Monsieur Charles*, qui donna, dit-on, la moitié de son patrimoine aux pauvres, appelait souvent Catherine chez lui. Dans les commencements, l'air de dignité et de grandeur que portait M. d'Auzers dans toute sa personne l'intimidait un peu ; elle entrait en tremblant. Bientôt toute crainte disparut ; elle se présentait pieds déchaux. Dans ces entrevues, l'humble fille mettait l'illustre curé au courant de la position des familles pauvres, lui disait leurs besoins, leurs infirmités, et surtout lui parlait avec intérêt des pauvres honteux. Le généreux M. d'Auzers ne la renvoyait jamais sans lui donner une pièce d'argent.

Les orphelins, les petits enfants pauvres, étaient l'objet de sa plus tendre affection. C'était bien la mère des malheureux. Quand elle rencontrait un de ces petits êtres souffreteux, déguenillés, grelottant dans les rues de Mauriac, elle le prenait par la main, le conduisait chez elle ou dans quelque maison charitable, et là elle le réchauffait, lui servait à manger, rapiècetait ses habits, lui donnait ce qu'elle avait, du pain, un bonnet, une chemise, une casquette, des sabots, et le renvoyait chez lui.

Elle nourrit pendant plusieurs années une pauvre orpheline. L'enfant regardait Catinon-Menette comme sa mère, et Catinon-Menette regardait l'enfant comme son ange. Hélas! l'ange mourut, et la pauvre Sœur en fut vivement peinée. Ah! c'est qu'il y avait, dans cette belle âme de femme, un foyer toujours allumé de commisération divine; c'est que la pureté des traits des anges de la terre était pour elle un emblème de la pureté des anges du ciel, et que, dans leurs yeux limpides et ardents, elle découvrait un vrai regard de Dieu!

CHAPITRE X.

**L'œuvre des prisons. — L'œuvre des malades. — L'œuvre
des morts.**

L'œuvre des prisons. — La servante de Dieu continua jusqu'à sa mort la belle œuvre des prisons
qu'elle avait commencée sous le règne des démagogues de 1793. Sa présence dans les cachots était
comme l'apparition d'un ange consolateur. Elle
avait là comme ailleurs deux services à rendre : l'un
au corps, l'autre à l'âme. Avec la permission de
l'autorité, les prisonniers pouvaient se procurer des
comestibles ou certains petits objets. Catherine leur
portait ce qu'ils demandaient et aussi bien des
choses qu'ils ne demandaient pas. Tout en leur pro-
diguant ses soins, elle savait saisir le moment de
leur parler de Dieu et diriger leurs pensées vers le
lieu des choses saintes ; à toutes les conversations
elle mêlait un mot du ciel. Elle encourageait les dé-

sespérés, fortifiait les faibles, consolait les malades, et parlait aux endurcis des terribles jugements du souverain maître.

En 1825, un crime horrible jeta l'épouvante dans toutes nos montagnes. Les C..., pour affaire d'intérêt, avaient résolu la mort d'un aubergiste de Mauriac ; mais celui-ci, saisi de noirs pressentiments, se barricadait si bien dans sa maison, qu'ils ne purent de longtemps se saisir de sa personne. Enfin, pour en finir, ils font la leçon à une certaine Toinette B..., fille de mauvaise vie. Cette malheureuse se présente à onze heures de la nuit chez l'aubergiste, et demande une *pauque* de vin. A la voix de cette fille qu'il connaissait, l'aubergiste, sans défiance, ouvre la porte qu'il ne referme pas, et descend à la cave. Les C... entrent, le suivent pas à pas, le saisissent et l'étouffent après une lutte désespérée. Les coupables, au nombre de cinq ou six, sont arrêtés. Quatre montèrent sur l'échafaud.

Toinette B... était enceinte ; elle accoucha en prison. Il fallait du dévouement pour se résoudre à aller donner des soins à une pareille mère; elle inspirait une répulsion générale. Du dévouement, Catinon-Menette n'en manqua jamais. Elle se fait donc prisonnière volontaire pour l'amour de Dieu et pour le salut de la malheureuse. Elle recueille l'enfant, le prend dans ses bras avec la tendresse d'une mère chrétienne, et, versant des larmes sur cette pauvre petite créature, qui entrait dans la vie sous de si tristes auspices, elle la porte au prêtre, qui, par le baptême, en fait un ange de Dieu. Pendant plusieurs semaines elle sert de mère à l'enfant et de servante à la mère. Ne voyant dans celle-ci qu'une chrétienne à sauver, elle s'approche sans répugnance, lui parle sans aigreur, il faut dire avec amour. « Je conçois, me disait M. Delalo à ce sujet, qu'on exerce la charité envers des gens honnêtes, quelque pauvres et dégoûtants qu'ils soient; car enfin le cœur de l'homme est naturellement bon ; mais exercer la charité à l'égard d'une pareille canaille avec l'ardeur, l'empressement qu'y mettait Catinon-Menette, me paraît divin, surnaturel. Ce trait prouve, ajoutait-il, combien la charité de cette sainte fille était désintéressée, éclairée, ardente et vraie (1). »

Quelques années plus tard, un forfait à peu près semblable au précédent se produisit avec des circonstances également atroces. Un homme fut assas-

(1) M. Emile Delalo, né à Mauriac en 1797, chevalier de la Légion d'honneur, ancien président du tribunal de Mauriac, vice-président du conseil général du Cantal, archéologue érudit, membre de plusieurs sociétés savantes, etc., etc., est mort dans sa ville natale en 1863. C'est une des illustrations de la Haute-Auvergne.

siné par les B... La mère des coupables, coupable elle-même, bourrelée de remords, raconta en prison l'histoire de son crime à Catinon-Menette, sans doute pour en recevoir des avis, et alléger par cette confidence intime le poids qui l'oppressait. Les meurtriers eux-mêmes finirent par tout avouer à Catherine, tout en mangeant ce qu'elle leur avait apporté. Malgré ses dénégations, car une pareille conversation l'affligeait, elle fut obligée d'écouter jusqu'au bout l'horrible récit, tant ces hommes avaient besoin de répandre leurs cœurs dans le cœur de cette sainte. Ils savaient bien que le secret serait gardé. Catherine en effet ne parla jamais des confidences qui lui furent faites. Mais elle savait par une autre voie quelques circonstances du crime, et cela la troublait. Etait-elle obligée d'en faire l'aveu? Elle consulta M. Lescure, curé de Mauriac, qui crut devoir le lui conseiller. Catherine se présenta donc devant M. Delalo, alors procureur du roi. « Je fus d'autant plus étonné de cette visite, m'a raconté l'honorable magistrat, que l'enquête était finie, et que Catinon-Menette ne comptait point parmi les témoins. Je fis appeler M. le curé, et après les avoir entendus l'un et l'autre, je me crus obligé de consigner dans le rapport la déposition de Catherine. Je le fis à regret, car cette déposition n'ajoutait rien à la chose, et puis je n'aurais pas voulu pour tout au monde contrister cette pauvre fille, dont je connaissais la belle âme. »

Quand on lui dit qu'elle serait obligée de se présenter aux assises, la bonne Sœur tomba dans une tristesse inexprimable. Ce fut là une des grandes douleurs de sa vie : cette âme forte fut un moment abattue; continuellement elle priait Dieu de la retirer de ce monde avant l'époque fatale. Un jour qu'elle pleurait, se désolait et demandait la mort, la mort, par une permission de Dieu, lui apparut sous une forme si hideuse, qu'en réalité elle en faillit mourir. Elle s'imagina alors avoir commis un énorme péché, et courut se confesser et consulter le saint abbé Roche, son ancien compagnon d'infortune.

Dès ce moment, toutes les fois que la conversation tombait sur la mort : « Gardez-vous, disait-elle, gardez-vous bien de la désirer et de la demander ! — Et pourquoi ? lui demandait-on avec instance. » C'est alors qu'elle raconta à certaines personnes graves la vision qu'elle avait eue, en leur recommandant toutefois le plus profond silence. Ces personnes ne l'ont rompu plus tard qu'en vue de l'édification publique. Ce fait est hors de doute pour quiconque a connu la servante de Dieu, son caractère positif, sa religion éclairée, sa délicatesse de conscience. Ce n'était point à coup sûr une rêveuse, une illuminée,

Cependant le jour des assises arriva. « Nous fîmes tout ce que nous pûmes, dit M. Delalo, pour rendre moins pénible le voyage à cette sainte vieille. » Elle avait près de quatre-vingts ans. Elle montra de la joie en chemin; mais arrivée à Riom d'Auvergne, après avoir visité les prisonniers auxquels elle remit une somme d'argent qu'on lui avait confiée, elle fut saisie de nouveau d'une tristesse mortelle, et lorsqu'on l'appela en plein tribunal pour recevoir sa déposition, on ne l'aperçut nulle part. On la trouva cachée sous une crèche, dans une remise, disant son chapelet.

Voici un trait plus édifiant que je tiens de M. Delalo.

Une méchante femme était en prison à Mauriac; sans cesse le blasphème était sur ses lèvres, et dans son cœur une haine sauvage contre la société et contre Dieu. Vivement désireuse du salut de cette âme égarée, Catherine va la voir souvent, et lui prodigue ses soins avec un affectueux empressement. Quand elle osa parler de confession, elle fut repoussée. Ce premier échec ne rebuta pas la Menette; elle revint à la charge, mais avec tant de bonté, tant d'amour, qu'elle finit par apprivoiser cette âme aigrie, et pénétrer dans son cœur si rempli d'amertume, où, avec l'huile de la charité chrétienne, elle opéra si bien qu'elle réconcilia cette

femme avec la société, et la ramena entièrement à
Dieu.

Oh! quel baume d'agréable odeur que la charité
d'une âme sainte! Quelle huile au doux parfum !
L'huile est nécessaire à la marche des rouages d'une
machine; si elle manque, la rotation perd de sa
vitesse, les roues crient, sifflent, se rongent par le
frottement, et la machine périt. Eh bien ! la société
n'est-elle pas une grande machine morale à rouages
divers? La charité en est l'huile ; elle adoucit tous
ces rouages humains, répand un parfum onctueux
dans les rapports qui les lient. Mais si cette huile
mystique vient à manquer, ces rouages à sentiments, à paroles, crient, hurlent de se trouver
unis, s'accusent, se repoussent, ne se touchent que
pour se froisser : la société périt. Or cette huile
sainte, Catherine la répandait par flots de son cœur
dans le cœur des hommes, laissant partout où elle
passsait de la chaleur et de la vie.

L'œuvre des malades. — « La grande famille des
pauvres, dont Catherine était la mère, ne suffisait pas
encore à l'étendue de son active bienfaisance. Tous
ceux qui souffraient, riches ou pauvres, avaient
part à sa sollicitude... Dans les maladies épidémiques et contagieuses, on l'a vue souvent se mettre
dans les lits infects pour soigner et soulager plus
doucement des malades abandonnés. Des plaies

7

bien autrement dégoûtantes pour son âme aussi vertueuse et aussi délicate, les infirmités et les maladies nées de la débauche et de l'immoralité, ne ralentissaient pas l'ardeur et le tendre dévouement de sa charité pure et éclairée (1). »

Tous les malades, pauvres ou riches, désiraient recevoir les soins de la bonne femme; sa voix était si douce et sa main si légère! Elle ne bornait point son dévouement aux malades de la ville; sa charité s'étendait aux campagnes.

On a conservé le souvenir de ce pauvre mendiant trouvé sur la paille d'une grange au Puy-Saint-Luc. Saisie d'un mal violent, ce malheureux s'était retiré demi-mort dans ce premier asile rencontré sur son chemin. Avertie par un pâtre, Catherine accourt et répand avec effusion le parfum de son amour sur ce frère délaissé, presque nu, dévoré de la vermine, de la douleur et du froid. Chaque jour, et plusieurs fois le jour, elle allait visiter ce nouveau Job sur son fumier; elle le traitait comme une mère traite un fils bien-aimé; elle lui donna longtemps de ses habits, de son pain et de sa résignation.

Rappelons encore à la mémoire ce délaissé de la fortune et du monde qui mourut aux Vaïsses,

_____

(1) Rapport de l'Académie Française.

entre les bras de la sainte ; cet autre appelé Michel, que la charitable fille, en 1804, ne put ramener à la vie malgré son amoureuse sollicitude. Il est impossible, et d'ailleurs inutile, de compter tous les pauvres qui, dans leur maladie ou les infirmités de vieillesse, reçurent de Catherine les soins les plus affectueux. Providence attentive, elle savait découvrir toutes les douleurs, les réchauffer de son cœur de feu ou les endormir de sa voix d'ange.

« Chose étonnante m'a dit M. l'abbé Besse après bien d'autres, il n'y avait pas à Mauriac un seul bourgeois qui ne désirât voir la pieuse fille avant de mourir. » Au sortir d'une révolution et d'un siècle qui avaient répandu dans l'air une atmosphère corruptrice, et dans les esprits des germes d'une impiété révoltante, il n'était pas rare de rencontrer de ces hommes qui, même à l'heure suprême de paraître devant Dieu, blasphèment à la vue d'un prêtre. Dans ces cas difficiles on avait recours à Catherine, qui à l'instant se rendait chez le malade.

— « Où allez-vous donc, Menette ? lui demandaient ceux qui la voyaient passer d'un pas rapide et leste.

— Je vais là-haut *porter l'antienne*, disait-elle avec son sourire naïf qui ne la quittait pas. » Parler de confession à un malade, c'est ce qu'elle appelait porter l'antienne. — « Si cela ne réussit pas, ajoutait-elle, ça ne peut du moins lui faire aucun mal. »

Le malade, c'était souvent un de ses enfants perdus de la révolution, qui n'avait pas ménagé à Catherine les outrages et les mauvais traitements; plus soucieuse de le convertir que de se venger, la bonne femme s'approchait sans aigreur et sans détour ni finesse, lui parlait du salut de son âme; elle y mettait tant de bonté, de douceur et d'esprit de Dieu, que le récalcitrant, visiblement ému, se laissait tout dire : il écoutait avec calme de la bouche de la Menette des admonestations et des avis qui, donnés par un autre, l'auraient froissé, irrité.

On a vu des endurcis *renvoyer le prêtre à tous les diables* et recevoir Catherine avec bienveillance, réjouis de sa hardiesse, heureux de s'entretenir avec elle de la confession et de l'éternité, « ravys de voir tant d'éloquence en une si grande humilité, tant de fermeté d'esprit en une si grande simplicité; et sa très-sçavante ignorance faisoit paraître très-ignorante la science de plusieurs gens de lettres, qui après un grand tracas d'estude, se voyoient honteux de n'entendre pas ce qu'elle disoit si heureusement de la pratique du sainct amour (1). » La présence de Ca-

---

(1) Saint François de Salles, *Traité de l'amour de Dieu*.

therine était une bénédiction et une sécurité : une bénédiction pour le malade, une sécurité pour la famille.

Une dame honorable, qui vit encore, m'a raconté qu'étant, à une époque, éprouvée d'une grande affliction, elle trouva dans Catherine seule quelque soulagement à sa douleur. « Elle venait me voir souvent, raconte la dame ; en entrant elle se prenait à dire : Oh ! ma pauvre madame, que vous êtes heureuse ! que vous êtes heureuse ! — Quoi ! moi, heureuse ! — Oui, vous heureuse, très-heureuse, car le bon Dieu vous afflige. — Il y avait tant de bonhomie dans son langage, de simplicité dans ses manières, que ses visites me laissaient toujours satisfaite et consolée. »

Il était une autre espèce de malades qu'avec plus de larmes peut-être et plus d'amoureuse compassion la sainte sœur visitait et soignait dans le silence de la solitude. Je veux parler de ces jeunes personnes, la honte de leur sexe, victimes volontaires de leur propre faiblesse et de la scélératesse d'autrui, que Dieu dans son juste courroux châtiait par des maladies honteuses. Rien ne rebutait la Menette ; aucune répugnance pour ces créatures immondes ne s'élevait dans cette âme courageuse ; tout en remuant la boue des corps, elle essayait de remuer la boue des âmes, et de susciter par un souffle de sa vertu une étincelle de foi dans cette fange.

Elle prenait des précautions infinies pour ne point fatiguer les malades. Elle laissait en entrant ses sabots ou ses souliers à la porte, elle marchait nu-pieds et parlait à voix basse. En outre son activité était infatigable. Préparer et appliquer les remèdes, aider aux opérations chirurgicales, puiser l'eau pour les bains, faire les lits et remuer sans dégoût toutes les infections, tout cela était fait avec une ardeur affectueuse.

Elle ne donnait pas ses soins seulement aux malades, mais encore à ceux qui étaient autour des malades. Quand une pauvre mère de famille était alitée, Catherine la remplaçait en tous ses offices; elle faisait le ménage, gardait les enfants, leur donnait à manger, les berçait et chantait pour les endormir.

L'œuvre des morts. — Catinon-Menette n'abandonnait pas le malade à son dernier soupir; elle ne l'abandonnait que lorsque forcément tout l'abandonne ici-bas, au bord de la tombe et de l'éternité. Aussitôt qu'il avait trépassé, elle lui fermait les yeux, mettait un crucifix sur son cœur, de l'eau bénite sur sa table, allumait la veilleuse, consolait les parents, par son courage donnait du courage à tous, enveloppait le défunt de son dernier linceul, l'accompagnait à sa dernière demeure, où pour lui elle priait une dernière fois et s'en retournait silencieuse et disant son chapelet.

C'était surtout un plaisir pour elle d'ensevelir les petits enfants; rarement elle laissait cet office à d'autres. A la vue de la figure blanche d'une de ces innocentes créatures, dont le péché n'avait pas encore terni l'éclat, et sur laquelle l'âme, joyeusement envolée au ciel, avait laissé l'empreinte de sa pureté, Catherine était comme ravie. En se mettant à l'œuvre : « Allons, petit polisson, disait-elle, tu l'as gagné à bon marché le ciel. » — Et elle lui donnait en même temps un léger soufflet.—L'opération finie : « Eh bien! ajoutait-elle, te voilà maintenant bien fier, bien beau! Allons, va t'amuser là-haut avec le bon Dieu. » — Elle n'oubliait pas d'attacher à l'habillement du petit défunt un objet quelconque, afin, disait-elle, que ce bel ange se souvînt d'elle au ciel, c'était une médaille, un crucifix, un morceau d'étoffe, le plus souvent deux épingles posées sur sa poitrine en forme de croix.

CHAPITRE XI.

Il est ici-bas quelque chose de plus beau, de plus utile à l'homme que la fortune, la science, la beauté, que la gloire des armes, l'éclat des dignités humaines, le spectacle des évolutions de la nature; c'est la vertu. Une femme vertueuse, quelque obscure qu'elle soit, rend à l'humanité des services plus précieux qu'une femme dans les splendeurs du luxe et de la puissance, mais privée des vertus chrétiennes. C'est parce qu'elle était vertueuse que Catherine, toute chétive créature qu'elle était aux yeux du monde, faisait tant de bien, guérissait tant de plaies et soulageait tant d'âmes. Parlons un peu des suaves vertus de cette humble mendiante, réchauffons nos cœurs au contact de cette sainteté.

Chasteté. — Eprise de l'amour de Dieu, Catherine, dans la sereine énergie de son cœur, promit, jeune encore, de garder intacte la chasteté de son corps et de son âme, et cette résolution sainte, elle l'accomplit rigoureusement dans les longs jours de son existence. Rien ne vint ternir l'éclat de son angélique pureté, pas une parole, pas une démarche, pas un regard, nulle tache sur cette perle, pas une ombre dans ce soleil.

C'est dans la pratique de cette vertu qu'il faut chercher la source, le secret de sa charité, de sa force et de ses immolations ; car nul effet sans cause, nul ruisseau limpide sans source claire. Ab ! qui peut comprendre la puissance d'une âme pure et son besoin de sacrifices, et les joies intimes qui la font tressaillir, et ce parfum d'agréable odeur qui l'embaume, et cet amour pur qui la ravit, la déifie et l'emporte vers des régions nouvelles, vers le monde des esprits ? Ce ne sont pas les hommes de chair, ils n'y comprennent rien, ils n'y croient même pas. Comment la boue pourrait-elle comprendre les merveilleuses beautés de ce soleil qui pourtant la réchauffe et la féconde?

« La pureté, dit saint Laurent-Justinien, est l'honneur des nobles, la noblesse des petits, le bonheur des humbles, la beauté des pauvres, la consolation des affligés, l'ornement du monde, l'amie de Jésus-Christ, la sœur des anges; elle

7.

triomphe du vice, elle engendre la vertu, elle préside à tout bien. Celui qui la possède multiplie ses mérites, sa conscience est en paix, son intelligence s'illumine, son visage même respire la joie, son cœur en est inondé ; il est tranquille à la fin de sa vie, il conquiert l'éternité. »

Pourtant, si la pureté ouvre à une âme un monde de merveilleuses choses, elle lui tire aussi des larmes brûlantes quoique douces. Catherine passait dans les rues de Mauriac le calme sur son front, et nul jamais ne se douta que dans ce ciel serein il y eût des tempêtes ; et cependant il y avait là ce qu'il y a dans toute âme qui, habitant un corps, veut demeurer chaste ; il y avait des désirs à étouffer, des besoins à comprimer, un feu à éteindre ; il y avait à réfréner ce quelque chose d'indéfinissable, de mystérieux, de véhément, qui entraîne une âme vers une âme. O mon Dieu ! qu'elles sont merveilleuses les péripéties de cette lutte amère et douce qui se poursuit à travers toutes les heures de la vie, qui enveloppe l'existence de célestes rêveries, de tristesse sainte et de mélancolie divine !

Charité. — La grande vertu de Catherine, celle du moins qui paraissait au dehors avec le plus d'éclat, était la charité. Dès ses jeunes années, Dieu avait mis dans son cœur deux tendresses ; l'amour de Dieu et l'amour du prochain. Dieu, elle l'aima toujours avec un cœur de feu ; le prochain , à son service elle épuisa sa vie. Ajoutons quelques détails aux détails déjà donnés.

La charité de la Sœur était, comme le veut saint Paul, affectueuse , patiente et humble ; dans les épanchements de son âme, pas de distinction, ni d'acception de personnes. Sur la route laborieuse de la vie, elle chérissait d'un égal amour le riche et le pauvre, l'étranger et le voisin, l'âme méchante et l'âme pieuse. Tout souvenir amer de la révolution était repoussé, elle priait pour tous, faisait du bien à tous, n'ignorant pas que la charité est incomplète, si elle n'est pas exercée à l'égard de toute créature quelle qu'elle soit. Aucun mot aigre n'est jamais sorti de sa bouche, aucune critique, nul blâme ; quand elle n'avait pas du bien à dire, elle se taisait. Le seul manquement à la charité qu'on ait surpris dans la pieuse Menette est celui-ci.

Une année, parmi les pèlerins de Notre-Dame-des-Miracles, se trouva un homme de Pleaux fort respectable et bon chantre, disait-on ; on le pria de chanter le *Magnificat* au salut solennel la veille de la fête. Soit qu'il fût fatigué du voyage, soit qu'il eût été surpris par quelque indisposition subitement survenue, il paraît qu'il chanta fort mal, de telle

manière que quelques malins firent courir le bruit
qu'il était ivre. Le surlendemain Catherine étant
allée au presbytère, M. Pigeolat, un des vicaires, lui
demanda comment elle avait trouvé le chantre. —
Bah ! répondit la sœur, je ne vous comprends pas;
faire chanter ce monsieur, un homme ivre ! — Comment, vous aussi, Menette, reprit vivement le vicaire, vous osez dire que cet homme était ivre? »
Catherine, la pauvre femme, fut toute confuse; elle
s'humilia profondément, avouant qu'elle avait eu
tort de se faire l'écho des bruits calomnieux qui
couraient par la ville.

Voilà, m'a dit M. Pigeolat, qui fut longtemps
témoin de la charité de Catherine, voilà la seule fois
que j'aie trouvé Catinon-Menette en faute, si c'est là
une faute (1).

Simplicité. — Une grande simplicité se manifestait
dans toute la personne de l'humble fille de saint
Dominique, dans son maintien, dans son langage,
dans ses manières. Et par simplicité, il faut entendre
cette vertu dont parlait le Sauveur quand il disait :
Soyez simple comme une colombe; il faut entendre ce
merveilleux mélange de naïveté, de douceur, de
bonhomie; ce jour serein de l'âme qui n'est point

(1) M. Pigeolat est mort curé-doyen de Salers en 1863.

troublé ni obscurci par les nuages du mensonge,
de la fraude ou des déguisements, mais que la vérité
illumine de ses douces splendeurs.

Catherine était adroite, rusée même; mais fourbe
et astucieuse, ô Dieu! le penser serait un crime. Elle
y *allait bonnement*, avec tous et en tout. En elle
rien de repoussant, d'impérieux; tout le monde
l'abordait sans crainte, avec familiarité, comme elle
abordait tout le monde sans timidité et sans raideur.
Un continuel sourire illuminait ses lèvres, c'était la
candide naïveté d'un enfant de sept ans.

Piété. — A une simplicité merveilleuse, Catherine
joignait une piété remarquable. Elle se levait de
grand matin et allait faire ses prières à l'église;
lorsque le sonneur n'avait pas encore ouvert la porte,
elle s'agenouillait sur le pavé. On l'a surprise plusieurs
fois prosternée dans la neige, aux portes de Notre-
Dame; ordinairement elle entendait la messe chaque
jour.

D'une piété non rêveuse et inquiète, mais calme,
éclairée et active, Catherine n'était pas une de ces
femmes qui, sous prétexte de dévotion, perdent le
temps à babiller douces choses, ou à dormir saintement dans quelque chapelle au pied d'une colonne;
elle faisait ses prières exactement avec ferveur, mais
rondement. Quand son jour de confession était venu,

elle se rendait à l'église ; mais lorsqu'une foule trop nombreuse entourait le confessionnal, elle s'en retournait attendant un moment plus favorable. Il est vrai que presque toujours on lui faisait signe d'approcher. — « Voici Catinon-Menette, disaient les femmes, elle a de l'ouvrage, laissons-la passer. » — La bonne sœur, confuse de tant d'égards, se confessait et retournait à la hâte à ses malades, à ses pauvres.

Elle priait toujours et partout, dans les chemins, dans les rues de la ville, auprès de ceux qu'elle servait. — « Que de fois, raconte M. Mazagot (1), ancien principal, que de fois je l'ai vue venir à moi, au collége, une main tendue pour recevoir l'aumône, l'autre cachée sous son tablier où elle tenait secrètement son chapelet ! »

Elle allait à la table sainte pieds déchaux ; elle s'agenouillait sur le pavé, le plus souvent derrière la porte ou dans un confessionnal ; à l'église on ne la vit guère assise que sur ses talons.

Madame Périer, que la mort vient d'enlever aux bonnes œuvres, eut toujours de la vénération pour la pieuse Sœur. A Ostenac, sa maison de campagne, où Catherine se rendait, ces deux femmes s'entre-

(1) Curé-Doyen de Saint-Cernin.

tenaient joyeusement de choses saintes et cher-
chaient de nouvelles bonnes œuvres à faire. La
Menette racontait l'histoire de la révolution : — « O
ma pauvre madame, disait-elle en montrant le salon
actuel d'Ostenac, que de fois j'ai entendu là là
messe de vos oncles (1)! »

Elle refusait la voiture qu'on lui offrait pour ce
petit voyage, disant avec son sourire accoutumé
qu'on *n'allait pas au ciel en carrosse.*

Une fois pourtant on l'y fit monter de vive force,
et, arrivée à la maison de campagne, bon gré mal
gré, il fallut bien se décider à donner sa bénédiction
à un nouveau-né de l'honorable famille et à être
sa marraine aux fonts sacrés du baptême.

Catherine n'oubliait jamais la présence de Dieu.
Aux longues veillées d'hiver, quand le soin des malades lui laissait un moment de repos, elle filait sa
quenouille dans sa modeste mansarde à côté de sa
sœur et de quelques voisines accourues. Tandis que
celles-ci babillaient à qui mieux mieux, elle, tout
en disant son mot, priait, méditait, élevait son
cœur à Dieu. On la surprenait souvent les yeux
portés au ciel. La prière interrompait toutes les nuits

(1) M. Lescure, curé de la Rodde, et les deux Périer, curé et
vicaire du Vigean.

son sommeil. — « Que fais-tu par là, disait la bonne Toinette, tu rôdes... tu m'éveilles ! » — « Rien rien » répondait Catherine en se recouchant. Que se passait-il durant ces heures silencieuses et dans ces ombres de la nuit entre Catherine et Dieu ? Nul ne le sait. Sans doute, en présence de l'immensité vivante, et plongée dans les abîmes de la vie divine, la pieuse fille reconfortait son âme et demandait courage, sagesse, amour.

CHAPITRE XII.

Mortification. — La mortification de Catherine était aussi grande que sa piété était vive. Se souvenant de tous et n'oubliant qu'elle, la charitable fille se privait parfois même du nécessaire : sa nourriture ordinaire était une soupe de pain noir ; rarement elle prenait autre chose.

Une fois pourtant il y avait plus que du pain noir dans sa soupe. Les écuelles des deux sœurs étaient sur la table ; une étrangère entre, jette un coup d'œil sur ces écuelles et s'en retourne ; ce coup d'œil épouvante Catherine, elle court après l'étrangère, la ramène. — Vous avez cru sans doute, lui dit-elle avec une naïveté d'ange, que cette chose blanche que vous apercevez dans nos soupes est du fromage ; eh bien, non, tenez, regardez : ce ne sont que quelques morceaux de pommes de terre. — La bonne femme! elle craignait jusqu'à l'ombre du scandale. Ce n'était pas par crainte de perdre sa réputation qu'elle agissait si délicatement, mais dans l'intérêt des pauvres. Pour tout au monde elle n'aurait pas voulu qu'on crût en ville qu'elle gardait pour elle ce qu'on lui donnait pour eux, de peur que l'aumône ne vînt à diminuer.

Elle aimait beaucoup le miel, par mortification elle n'en mangait pas.

Un jour de carnaval, un bourgeois de Mauriac lui donna un poulet rôti, lui enjoignant de le manger elle-même. Catherine le partage en quatre et le distribue à autant de malades. Dans la soirée le bourgeois, la rencontrant, lui demande si elle a mangé le le poulet. — Le poulet, monsieur? bien placé, bien placé. — Vous l'avez distribué aux pauvres, Menette; eh bien, vous allez venir faire carnaval chez moi. — Ces mots la font fuir à toutes jambes.

Elle quêtait pour ses malades des pommes, des châtaignes, des raisins auprès des marchandes de fruits. — Allons, lui disaient les revendeuses, en voilà pour eux et pour vous. — Elle n'y touchait jamais. — Tu es gourmande, ma bouche, disait-elle; tu en voudrais, tu n'en auras pas.

Un jour de froid rigoureux; Mme Labastide

lui offrit un tricot ; mais elle ne put le lui faire accepter.

M. Combes, ce digne principal du collége de Mauriac, mort en 1859, m'a raconté qu'une fois, en sa présence, une personne charitable donna à Catherine une paire de souliers. La Sœur promet de les mettre aux pieds ; mais elle n'était pas encore arrivée à la mansarde de la rue Saint-Mary, que déjà les souliers avaient disparu, et s'en étaient allés joyeusement chausser un mendiant rencontré sur le chemin.

L'illustre M. d'Auzers, la voyant marcher nu-pieds, en avait compassion et lui donnait des chaussures ou de l'argent pour en acheter. Mais Catinon-Menette, en qui la tentation de donner l'emportait toujours sur toute autre considération, distribuait au premier venu, l'aumône du charitable pasteur. Elle reparaissait au presbytère avec ses éternelles *vieilles groules*. M. d'Auzers se fâchait ; Catherine souriait, et tout allait son train comme ci-devant.

Ainsi dans l'intérêt de son salut et des âmes en souffrance, Catinon-Menette persévérait sans ennui ni faiblesse dans son humble vie de privation continuelle et de sainte mortification, achetant par quelques jours d'amertumes des siècles de félicité.

Amour de la pauvreté. — Catherine n'aimait pas

seulement les pauvres, elle aimait la pauvreté. En elle la pauvreté était une pauvreté de bonne humeur. Cette vertu se manifestait dans ses habits, dans l'ameublement de sa demeure; son mobilier, qui était aussi celui de sa sœur, se composait de deux misérables lits, d'une table, d'une vieille armoire, de quelques autres défroques et ustensiles de peu de valeur. Ces deux bonnes femmes n'avaient guère que les habits qu'elles portaient sur elles été et hiver, de sorte que, lorsqu'il y avait nécessité urgente de les laver ou de les coudre, il fallait le faire pièce par pièce.

La robe de Catherine était d'étoffe noire du pays, son tablier de tiretaine; rarement elle portait un chapeau. Ces vêtements étaient taillés à l'ancienne mode. La pauvre vieille assurément n'avait aucune idée du progrès. Son perroquet, espèce de coiffure en toile blanche, n'était jamais plissé ni empesé, de telle sorte que la queue de ce perroquet s'épanouissait sur les épaules et allait flotter sous le menton; ce qui n'était pas précisément bien gracieux. En outre, le corsage de sa robe s'allongeait derrière, à la taille, en deux oreillettes qui allaient et qui venaient, comme va et vient une manivelle agitée par le vent. Tout cet agencement était pittoresque et plaisant. Coupez ces oreillettes, disait-on

à Catherine, plissez votre perroquet, vous en serez
plus gentille, Menette, croyez-nous. — Eh!
pauvres, répondait-elle toute gracieuse et plaisan-
tant comme tout le monde, vous voulez rire...
Allons, allons, c'est bon pour moi, c'est bon pour
moi!

Une couturière se rendit chez elle pour raccom-
moder son linge qui tombait en lambeaux. — Je
travaillai simplement, raconta-t-elle, car je savais
que la toilette n'était pas de son goût; je crus pourtant devoir *passer le fer* sur un mouchoir, mais
Catherine en arrivant le prend dans ses mains et le
froisse de plus belle, disant qu'elle ne voulait *pas
être empesée.*

Simple dans ses goûts, modérée dans ses désirs,
Catherine ne recevait l'aumône pour elle-même, que
lorsqu'on lui en faisait un *cas de conscience.*
Mme Labastide pour la faire manger, avait trouvé
un moyen efficace : elle l'enfermait dans la cui-
sine.

Monseigneur Flaget, évêque aux États-Unis d'A-
mérique, venu en France, se rendit à Mauriac pour
saluer l'honorable famille de Monseigneur Chabrat,
son coadjuteur. Il voulut voir la Menette; celle-ci de
son côté désirait voir l'Évêque, mais comment approcher? Elle n'était pas digne de se présenter

devant ce saint, disait-elle. On y alla de ruse pour l'apprivoiser. M. Lescure, curé, la fait appeler chez lui, elle arrive. Quelle ne fut sa surprise de se trouver tout à coup en face de Monseigneur Flaget ! Elle faillit tomber morte, selon son expression. L'Évêque la fait parler; il admire la candeur de cette bonne vieille, dont on lui a dit la merveilleuse vie; il lui donna vingt francs. — Pour les pauvres? dit Catherine. — Non, ma sœur, pour vous. — Mais, Monseigneur, moi, je n'ai besoin de rien, j'ai du pain, de la pompe, du fromage; c'est tout ce qu'il me faut. — La pompe et le fromage amusèrent beaucoup ce digne Évêque. — Eh bien, dit-il, que votre volonté soit faite, ma bonne sœur. — Catherine se retire toute joyeuse, disant à qui voulait l'entendre, *qu'ils avaient voulu l'attraper, mais qu'après tout ils étaient les plus attrapés, puisqu'elle leur avait escamoté vingt francs.*

Humilité. — On lui jouait encore bien d'autres tours. En voici un qui prouve son humilité. Elle n'y *attrapa* cette fois que de la confusion.

Un professeur du collége prêchait au couvent de Saint-Dominique (rétabli en 1825). Énumérant les vertus d'une Dominicaine, il se prit tout-à-coup à parler de Catherine, qu'il croyait sans doute absente, et à la présenter comme un modèle de charité, d'humilité et de douceur chrétienne. La pauvre fille, agenouillée derrière la porte, n'en pouvait plus; elle ne savait que devenir, où se cacher. Elle n'osait ni lever la tête ni l'abaisser, ni sortir ni rester; quel terrible moment! Elle finit enfin pourtant par s'échapper.

Dans un voyage que Monseigneur d'Auzers, devenu évêque de Nevers, fit à Mauriac, son ancienne paroisse, il désira voir sa chère Menette d'autrefois. On l'appela. Lorsqu'elle arriva chez M. Ternat-Labastide, où logeait le prélat : Qu'on lui ouvre toutes les portes! s'écria l'Évêque. — Et comme l'humble fille hésitait à entrer : Eh quoi, reprit-il, ma bonne sœur, le bon Dieu vous ouvrira toutes les portes du Paradis, et vous voulez que je vous ferme la mienne!... Une sainte comme vous! — Une sainte, Monseigneur, cria Mme Labastide, survenue tout-à-coup, une sainte! vous vous trompez, Monseigneur; une voleuse, une voleuse! Imaginez-vous, Monseigneur, que, touchée de compassion, quand je la voyais fatiguée, je lui offrais un demi-verre de vin; eh bien! elle m'escamotait le tout pour ses malades, verre et vin; elle m'en a volé plus de cent, Monseigneur. Tous riaient à qui mieux mieux.

Catherine ne faisait pas vanterie de ses bonnes œuvres; elle les accomplissait sans bruit et n'en parlait jamais. Pour elle les éloges étaient des plaisanteries, et tout compliment, un mensonge. Aujourd'hui me disait naguère une personne fort sensée, ne ferait-on que l'aumône d'un sou, on joue tambour et trompette; ah! Catinon-Menette n'agissait pas ainssi. Cette fille de Dieu, dégagée de l'étreinte des passions humaines, ne cherchait que l'obscurité dans le dévouement, et se sentait humble devant les plus humbles. Elle ne faisait point comme l'araignée, « qui fait son travail, dit saint François de Salles, à la vue de tout le monde et jamais en secret, filant et ourdissant sa toile par les vergers, d'arbres en arbres, dans les maisons, aux fenêtres, aux planchers; » mais elle imitait l'abeille, « qui plus sage et plus prudente, dit le même saint, fait son miel en secret, dans sa ruche, où personne ne peut le voir (1). »

Egalité d'humeur. — Par la pratique de toutes les vertus chrétiennes, Catherine avait acquis un tel empire sur ses sens extérieurs, et sur les mouvements de son cœur, que les évènements de la vie, les maladies, les accidents, les secousses, n'apportaient aucun trouble dans son âme, de telle sorte que la pieuse fille était toujours d'une égale humeur, tou-

(1) Sermon pour le jour des cendres.

jours en pleine possession d'elle-même, contemplant avec une égale sérénité les choses tristes ou joyeuses qui se passaient autour d'elle. Rien n'altérait le calme de son front; même modération dans toutes les œuvres de la journée, même ton dans sa voix.

Voilà les saints! au milieu des agitations du monde, et des flots soulevés des passions humaines, sous le tonnerre des révolutions, dans les tristesses ou les joies de la vie, ils demeurent calmes, sereins, recueillis; ils dominent les orages de la terre, *ils font leur demeure dans la paix* (1).

(1) Factus est in pace locus eorum. (Ps. LXXV, 3.)

CHAPITRE XIII.

Les habitants de Mauriac demandent le prix Monthyon pour Catherine. — Rapport de l'Académie Française. — Résultat.

Pleines d'admiration pour les héroïques vertus de Catherine, poussées par un motif de reconnaissance et sûres de l'approbation générale, les autorités civiles et ecclésiastiques de Mauriac, dans le dessein de couronner au grand jour les belles actions de cette noble fille, demandèrent à l'Académie française, pour leur généreuse compatriote, un des prix de vertu fondés par M. de Monthyon (1).

Voici le rapport, qui fut couvert de signatures et envoyé à Paris.

12 *juin* 1833. — *Notice historique sur Catherine Jarrige, proposée à l'Académie, comme digne du prix de vertu.*

« Catherine Jarrige, née à Chalvignac, canton de Mauriac, le 4 octobre 1754, de parents très-pau-

_____

(1) M. de Monthyon donna en 1782 une somme considérable dont le revenu devait être distribué aux personnes qui se feraient remarquer par leurs bonnes œuvres. C'est ce qu'on appelle un prix de vertu.

vres, se loua à l'âge de neuf ans pour gagner du pain par son travail plutôt que de mendier. Elle servit successivement plusieurs maîtres, avec une fidélité, une activité et une intelligence qui la distinguèrent dans sa condition.

» A l'âge de trente-six ans, elle renonça au service pour se fixer dans la ville de Mauriac, auprès d'une de ses sœurs atteinte d'une infirmité douloureuse. C'est de là que date l'exercice de cette charité admirable à laquelle elle voua tous ses jours. La retraite que la maladie de sa sœur l'obligea de garder, fut l'école où la charité chrétienne lui révéla toutes ses ressources et tous ses secrets. Elle prit dès lors la résolution de ne vivre que pour les malheureux, s'estimant heureuse de leur sacrifier son repos, sa santé, sa vie entière. Depuis elle n'a pas été un moment trouvée infidèle à son héroïque résolution.

» Sans autre ressource que sa charité et la confiance sans bornes qu'elle inspirait, elle n'a été pauvre que pour elle-même. Son activité prodigieuse la multipliait auprès des riches pour obtenir des secours, et auprès des pauvres pour les leur dispenser. Ses entretiens comme ses démarches n'avaient qu'un objet, le soulagement de l'indigence et du malheur. Dans son industrieuse charité, découvrant tous les besoins, elle veillait surtout à ceux de l'indigence qui craint d'être vue, et la secourait toujours en cherchant à déguiser ses bienfaits. Se faisant riche auprès des pauvres, combien de fois, dans la rigueur de la saison, elle s'est dépouillée d'une partie de ses vêtements pour en couvrir quelque misérable! Combien de fois elle s'est privée de la soupe de pain noir dont elle vivait, pour la donner au premier pauvre qui venait à elle!

» Mais les traits de ce genre lui étaient si familiers, qu'on ne sait que citer dans une vie si pleine dont tous les jours se sont pour ainsi dire ressemblés. Les actes de cette immense charité sont attestés par toute la ville de Mauriac et par les bénédictions des pauvres, qui regardent Catherine Jarrige comme une seconde Providence.

» La grande famille des pauvres, dont elle était la mère, ne suffisait pas encore à l'étendue de son active bienfaisance. Tous ceux qui souffraient, riches ou pauvres, avaient part à sa sollicitude. Nuit et jour son cœur veillait à toutes les infortunes; à toutes elle offrait ou accordait ses soins et ses services. S'oubliant parfaitement elle-même, elle n'a jamais eu pour elle l'idée du danger ou laissé paraître le sentiment de la répugnance; dans les maladies épidémiques et contagieuses, on l'a souvent

vue se mettre dans les lits infects pour soigner et
soulager plus doucement des malades abandonnés.

» Des plaies bien autrement dégoûtantes pour une
âme aussi vertueuse et aussi délicate, les infirmités
et les maladies nées de la débauche et de l'immoralité, ne ralentissaient pas l'ardeur et le tendre dévouement de sa charité pure et éclairée. On l'a vue
s'attacher, s'affectionner, par une compassion généreuse, à des êtres dégradés par le vice et condamnés
à dévorer, dans le réduit de la honte, de la souffrance et de la faim, une existence réprouvée par
la société. Consolant toujours après avoir soulagé,
elle a été quelquefois assez heureuse pour entrer
dans le cœur de ces misérables par ses bienfaits, et
les rendre à la fois à la vertu et à la vie.

» Dans ces jours d'orageuse mémoire qui com-
promirent la gloire et le succès de notre première
révolution, alors que tous les mérites qui jetaient
quelque éclat furent des titres à la persécution,
Catherine Jarrige, à la faveur de son obscurité,
pénétrait dans les prisons et les asiles secrets pour
y porter des avis ou des secours, en dérobant toujours aux malveillants la connaissance de ses démarches par ses réponses hardies et assurées, par
ses reparties vives et ingénieuses.

» Sa charité ne s'est jamais reposée : accablée aujourd'hui par l'âge et les infirmités, elle use le peu de forces qui lui restent à la continuation de son œuvre, et vit elle-même de la charité publique.

» Nous bornons ici cette notice, dont les détails seraient immenses. L'histoire de cette longue et modeste bienfaisance peut se résumer en ce témoignage qui a la publicité de toute une ville.

» Catherine Jarrige, avant l'arrivée des Sœurs de charité à Mauriac, a seule, pendant quarante ans, sans fonds affectés pour cela, fourni à toutes sortes de misères les secours nécessaires avec une charité, un discernement, une constance qui lui ont attiré l'estime et l'admiration de toute la ville.

» Elle trouvera dans la récompense que nous sollicitons pour elle une satisfaction digne de sa vertu, en pouvant appeler les pauvres à recueillir de nouveaux bienfaits, et la ville de Mauriac, qui vient de relever le monument érigé en 1771 en mémoire des bienfaits de M. de Monthyon, sera sûre d'avoir une part dans la fondation de son vertueux et immortel bienfaiteur.

» Signé : GALVAING, *receveur;* DURIEU; BONNEFON; DELMAS, *notaire;* SALVY, *juge;* LESCURE, *curé;* VALEIX, *vicaire;* GRIFFEUILLE, *vicaire;* CHAUVIN, *vicaire;* MARION, *principal* du collége;

Joseph GRASSET, de l'ordre de Saint-Wladimir, *maire;* Auguste CHAUVY, *sous-préfet,* etc., etc. »

Ce rapport à l'Académie n'eut aucun résultat. Quand on porte ses regards sur cette longue suite d'années qui apportent chacune leur contingent de sacrifices et d'œuvres de charité, lorsqu'on considère cette vie de quatre-vingts ans dépensée au service des pauvres, des malades, des prisonniers, des prêtres et des fidèles persécutés, et que l'on voit Catherine faisant presque à elle seule pendant quarante ans ce qu'à peine aujourd'hui suffisent à faire les sœurs de Nevers, les filles de saint Vincent de Paul et le bureau de bienfaisance, on est douloureusement surpris qu'une telle femme n'ait rien obtenu, pas même une mention honorable. Et ce douloureux étonnement augmente quand on compare les œuvres de Catherine aux œuvres des personnes plus heureuses qui ont obtenu un de ces prix, à diverses époques. Assurément Catinon-Menette n'est pas inférieure en héroïsme à ces lauréats de la vertu. Citons quelques faits, et le lecteur jugera.

En 1821, Antoine Bonafox, né dans le Cantal, exerçant à Paris le métier de rémouleur ou gagne-petit, obtint une médaille de 400 francs pour avoir nourri pendant quelques années une vieille femme percluse.

En 1829, Guillaume Matthieu, né à Sarrus près

de Saint-Flour, portier à Paris, sauva trois ouvriers asphyxiés en curant une fosse de la rue Beaurepaire. L'Académie récompensa sa belle action par un prix de vertu.

En 1854, un prix de cinq cents francs fut accordé à « Marie Bénezet, agée de soixante et un ans, née à Montsalvy, département du Cantal, une de ces contrées où on craint Dieu, ce qui a l'avantage de rendre secourable à ses créatures. Nous trouvons sur ses états de service des octogénaires, des aveugles, des infirmes, d'autres misères, enfin des enfants qu'elle nourrit et que de plus elle catéchise, car elle ne juge pas cela moins nécessaire : une sœur de charité libre, dit le rapport; que dire de plus (1)? »

« L'Académie offre une médaille de mille francs à Anne Trepsat, d'Aurillac, département du Cantal. Entrée en 1820, à l'âge de trente-cinq ans, chez un tanneur d'Aurillac, après quelques années, elle avait toute sa famille à sa charge. La mort, des infirmités hideuses, des désordres plus hideux encore, lui laissèrent le fardeau de la grand'mère infirme, du père incapable de se venir en aide, de cinq enfants, dont un, muet et idiot, compte aujourd'hui trente ans. Son âme n'a pas fléchi un jour; ses forces sont près de l'abandonner : puisse notre juste hom-

(1) Discours de M. Salvandy, de l'Académie française.

mage les soutenir (2) ! » Catherine n'a-t-elle pas fait mieux ?

A diverses époques, l'Académie a décerné des prix de vertu à des personnages qui assurément, en fait de dévouement, ne montaient pas à la hauteur de Catherine : à Marie Germain, par exemple, servante à Marseille, qui, pour avoir servi la même famille pendant quarante ans, obtint quinze cents francs ; à Jean Triplon, sergent infirmier à l'hôpital militaire de Marseille, qui reçut deux mille francs pour n'avoir pas abandonné son poste pendant le choléra de 1854 ; à un ouvrier, pour avoir sauvé un malheureux qui se noyait ; à une fille qui servait la même famille depuis vingt ans ; à un sacristain, pour avoir nourri pendant dix-huit ans un pauvre idiot ; à une femme, pour avoir servi une autre femme infirme, etc., etc.

Quelques années après la mort de Catinon-Menette, Jeanne Jugan, de l'institut des Petites-Sœurs, parce qu'elle quêtait admirablement depuis quatre ou cinq ans, fut récompensée d'un prix de trois mille francs ; et notre pauvre Catherine, qui quêta toute sa vie, n'obtint pas même de quoi acheter une paire de souliers, comme elle disait naïvement.

On le voit, Catherine n'a pas eu le prix Mon-

(1) Discours de M. Salvandy, de l'Académie fraiçaise.

8.

thyon; mais elle l'a mérité, et cela suffit. D'ailleurs il n'est pas étonnant qu'elle n'ait rien obtenu; car le rapport, tout à fait incomplet, n'a pu donner à l'Académie qu'une idée très-insuffisante de ses œuvres héroïques. Et puis Dieu, dont les desseins ne sont pas ceux des hommes, l'a permis ainsi, soit qu'une récompense humaine ne fût pas digne des hautes vertus de Catherine, soit qu'il voulût ajouter à la belle couronne destinée à sa fidèle servante le fleuron d'une dernière humiliation. Il est vrai que cette humiliation, qui aurait été vivement sentie par tout autre, passa légèrement sur le cœur de la bonne fille. Elle ne s'était nullement préoccupée des démarches qui avaient été faites auprès de l'Académie, elle les ignora même d'abord; et quand enfin elle en eut connaissance, elle se mit à en plaisanter : « Que vous êtes bons, vous autres, disait-elle, de croire qu'à Paris on s'occupe d'une mendiante comme moi ! »

Elle fut à Mauriac la seule personne qui se réjouit de cet échec, et, toujours éprise de la passion du bien, elle continua, toute vieillie qu'elle était, ses bonnes œuvres avec la même abnégation, le même dévoûment, presque la même activité, toujours joyeuse et bonne, n'attendant de ce monde ni hommage, ni récompense, ni gloire.

CHAPITRE XIV.

Un dernier trait de charité. — Maladie de Catherine. — Sa mort.

Trois ans après l'évènement que je viens de raconter, Catherine était dans la quatre-vingt-deuxième année de son âge. C'était la dernière de sa vie.

Quelques jours avant le commencement de 'la maladie qui la conduisit au tombeau, la pauvre vieille, dénuée de tout, reçut six chemises des sœurs de Nevers. Après sa mort, les bonnes religieuses redemandèrent ce linge pour le donner à d'autres indigents. On chercha en vain dans la mansarde : Catherine l'avait distribué aux pauvres aussitôt qu'elle l'avait eu en sa possession. *Je veux mourir de la mort des justes,* disait-elle souvent en jouant sur les mots.

Elle conserva jusqu'à la fin, avec son ardente charité, son énergie prodigieuse. Cinq jours avant sa mort, on voyait cette bonne vieille, toujours jeune par le cœur, parcourir les rues de Mauriac, vive, ingénue, le visage un peu pâle, active comme à l'âge de trente ans.

Le 30 juin 1836, un jeudi, elle allait ensevelir un mort, lorsque tout à coup elle se sentit saisie de tournoiements de tête et de douleurs vives au côté. Elle appelle Catherine Dalègre, une de ses filleules, et la prie de faire l'œuvre dont il s'agit.

A son retour, celle-ci trouve Catinon-Menette gisant douloureusement dans son lit, si on peut appeler lit une vieille paillasse couverte de quelques défroques. Elle lui parle du médecin; mais la sainte Dominicaine lui défend de dire à qui que ce soit son mal, ajoutant que ce n'était rien qu'un peu de paresse. Cependant son état présentant à chaque heure des symptômes alarmants, Dalègre ne croit pas devoir garder le silence, et dit à une voisine en sortant: « Catinon est malade, bien malade; allez la voir. »

Dès lors la triste nouvelle se répandit rapidement dans toute la ville. Dalègre avait trouvé le docteur Chabrat et lui avait dit: « Catherine est malade, allez lui donner des soins; mais gardez-vous de lui dire que je suis venue vous avertir, car, vous le savez, elle ne veut pas qu'on s'occupe d'elle. » Le médecin arrive, et, affectant de tout ignorer : — Où êtes-vous, Menette, dit-il en entrant; j'ai besoin de vous... Un malade... là haut... vous attend...

— La bonne sœur lève la tête. — Tiens, vous voilà ! au lit... qu'avez-vous donc ?

Elle lui expliqua comme elle put le mal qu'elle éprouvait. C'était un point de côté couvert; le médecin fit appliquer les sangsues.

Indifférente à tout, pleinement résignée à la volonté de Dieu, ne désirant ni vivre ni mourir, elle se soumettait volontiers à tout ce qu'on exigeait d'elle. Une seule chose l'inquiétait, l'empressement que l'on manifestait autour de son lit pour la secourir. — « C'est inutile, disait-elle, vos soins ne me guériront pas; dans peu de jours, j'aurai rendu mes comptes à Dieu... Je vous en prie, ajoutait-elle, ne vous occupez pas de moi. » Son humilité souffrait de ce concours.

Les dames les plus honorables de la ville lui apportaient à l'envi tout ce qu'elles croyaient capable de procurer quelque soulagement à ses douleurs : remèdes, sucreries, linge blanc, tout était à souhait. Madame Périer, qui ne quittait point sa chère malade, voyant ses épaules légèrement couvertes, lui apporta une camisole neuve et riche. La malade la refusa, demandant instamment qu'on voulût bien la laisser mourir dans sa pauvreté. Cette camisole fut oubliée dans un coin de la chambre. Après le trépas de la servante de Dieu, les visiteurs se la disputaient et se l'arrachaient des mains, comme une dépouille sacrée. Madame Périer eut toute la peine du monde à leur faire comprendre que cet objet n'avait point appartenu à la défunte, et qu'ils avaient tort par conséquent de vouloir en faire de pieux souvenirs.

On parvint pourtant à faire accepter à la malade des draps de lit blancs, une coiffe blanche. Toinette, la douce sœur de Catherine, s'extasiait devant ces belles choses. Elle était dans sa quatre-vingt-sixième année, la pauvre fille. Ses forces corporelles s'étaient conservées, mais ses forces morales avaient faibli. Elle était à peu près retombée dans l'enfance, de sorte que tantôt elle pleurait, tantôt elle riait devant le lit de la mourante, dans l'admiration du bel effet de la coiffe blanche dont on avait paré la malade, elle s'écriait comme ravie : « Oh! bonne sœur, jamais tu n'as été aussi *fière*; oh ! que tu es belle ! que tu es belle ! *Oh ! qu'es ginto ! oh ! qu'es ginto !* » Puis elle se mettait à fredonner quelque vieux cantique. Il était émouvant, biblique, le spectacle de ces deux bonnes vieilles : l'une tenant le lit, l'autre à genoux devant cette couche funèbre ; l'une priant et souffrant, l'autre chantant ; puis ensemble toutes deux s'entretenant pieusement, suavement de choses saintes.

Un jour, Toinette riait plus qu'à l'ordinaire, répétant : *Oh! qu'es ginto! oh! qu'es ginto!* Catherine lui dit : « Tu ris, ma bonne sœur, tu ne riras pas longtemps, va. » — Une autre fois Toinette pleurait et priait sa sœur de ne pas la laisser seule dans ce bas monde. La malade pour la consoler lui dit : « Ne pleure pas, ma pauvre sœur, je ne te laisserai pas seule sur la terre ; laisse-moi mourir, et aussitôt après je viendrai te chercher. »

Pendant tout le temps que dura la maladie, ce fut un concours extraordinaire, un va et vient continuel de toute la ville vers la sainte moribonde. Riches et pauvres, tous voulaient voir et entendre une dernière fois celle qui leur avait procuré tant de consolations et tant de secours. Dans la soirée du dimanche, quelques personnes manifestèrent devant la malade l'espoir que Dieu la leur conserverait encore. — « Non, non, répondit-elle, je n'ai que peu de temps à vivre ; demain je quitterai ce monde. » A une autre personne, elle dit : « Demain, dix heures et moi nous aurons à combattre ensemble. » Madame Lafarge, sa cousine, qui l'avait veillée la nuit précédente, lui exprima le désir de la veiller encore la nuit suivante : « Non, répondit Catherine, tu es fatiguée, va dormir ; d'ailleurs je ne risque rien jusqu'à demain. »

Les sœurs du tiers ordre de saint Dominique venaient réciter des prières devant son lit ; elle les y engageait : « Je me plais tant, leur disait-elle, lorsque je vous entends prier le bon Dieu. »

Catherine priait aussi ardemment, et tenait son âme unie à son Créateur. On la vit une fois, dans un élan d'amour divin, lever ses bras vers le ciel, s'écriant en même temps : « Oh ! je la vois, je la vois cette pauvre enfant ; elle vient me chercher ; oui, oui, je la vois ! » Elle parlait d'une petite fille qu'elle avait nourrie, et que le bon Dieu avait retirée bien jeune de ce monde.

Comme elle était sûre de mourir bientôt, Catherine demanda à recevoir les sacrements. M. Pigeolat, un des vicaires, les lui porta la veille de sa mort. Ce fut avec une grande effusion d'amour de Dieu que cette âme prédestinée les reçut. Pendant la cérémonie, surexcitée par la douleur, la malade cherchait sur son grabat une position meilleure qu'elle ne trouvait pas. Le prêtre, gêné sans doute par ses mouvements continuels, l'avertit de ne pas remuer, et lui montrant le crucifix, lui dit : « Notre-Seigneur sur la croix ne remuait pas. » Cette parole fut un coup de foudre pour la pauvre mourante ;

elle ne remua plus, se regardant comme clouée sur la croix, heureuse d'avoir ce point de ressemblance avec son divin Maître. Madame Périer, qui la voyait souffrir, se désolait : « Allez, Catherine, s'empressa-t-elle de lui dire quand le prêtre fut parti, remuez-vous, prenez la position la plus commode, mettez-vous à l'aise. » Mais la mourante, résignée, n'obéit pas ; la parole du prêtre l'avait singulièrement frappée. « Cruelle parole ! me disait avec amabilité Madame Périer, j'en ai gardé rancune à M. Pigeolat pendant quinze jours. »

Durant la matinée du lundi 4 juillet, cette noble dame ne quitta pas un instant son amie mourante ; elle lui faisait de pieuses lectures, quelques courtes prières ; et quand elle s'arrêtait de peur de fatiguer la malade, celle-ci lui disait : « Oh ! ma pauvre madame, que vous me faites du bien ; continuez à me parler du bon Dieu. » La pieuse dame continuait, et la mourante écoutait dans le calme de la sainteté.

Quelqu'un s'avisa de lui demander si elle n'avait pas peur de l'enfer. — « L'enfer ! répondit-elle avec vivacité, non, non, je n'ai pas peur de l'enfer. J'ai confiance en Dieu ; je sais qu'il est miséricordieux ; il ne me mettra pas en enfer. » Un moment après, elle ajouta : « Le purgatoire !... oh ! là... oui... sans doute, j'irai là... » Elle ne regrettait rien de la vie, ne craignait rien dans la mort.

Au milieu de ses pieux colloques et de ses ardentes élévations de cœur vers Dieu, la malade entend tout à coup sonner l'horloge de la ville : « Quelle heure sonne? demanda-t-elle. — Neuf heures, répondent ceux qui l'entourent. — Neuf heures! reprend-elle; eh bien! j'ai encore une heure à vivre. » Quelques minutes après, elle dit à Madame Périer : « Oh! Madame, qu'il me tarde que ces dix heures arrivent! » Vers les neuf heures et demie elle ajouta : « Madame, dépêchez-vous de réciter les prières des agonisants; je crains que vous n'ayez pas le temps. » — « Je prends mon livre, racontait l'honorable dame; je me mets à lire ces prières : la malade me répond; elle les disait mieux de mémoire que moi avec le livre. »

On s'empresse de plus en plus autour de l'agonisante. Les dix heures ne tardent pas à sonner. — « Quelle heure est-il? dit en les entendant la malade d'une voix faible. — Il est dix heures. — Dix heures! ah! voici le moment; c'est mon heure! » Elle ne fit plus aucun mouvement; c'était un silence solennel : on sentait que Dieu était présent. Quelques minutes après, tout était fini; Catherine n'était plus de ce monde.

Dans ce doux trépas, pas un soupir, pas un effort douloureux. La figure de la chère défunte prit une teinte qu'elle n'avait jamais eue, une teinte de blancheur douce et suave. On aurait dit, selon la comparaison des nombreuses personnes qui la virent, qu'elle était de cire fine et blanche. L'âme, en se retirant, avait laissé sur le visage l'empreinte de sa pureté, le reflet de son éclat.

CHAPITRE XV.

Funérailles de Catherine.

Lorsque Catherine eut rendu le dernier soupir, les dames de Mauriac s'empressèrent de lui préparer des funérailles magnifiques, et toute la ville en émoi demanda des honneurs et des distinctions pour récompenser la vertu et le dévoûment de la sainte fille.

Mme Laval, Mme Périer, Mlle Durieu, etc., lui achetèrent un habillement complet et beau. Elles lui mirent des bas blancs, une robe blanche, des souliers neufs, un voile blanc, et l'exposèrent ainsi, disons-le, à la vénération de la multitude qui se pressait autour de la couche à peine refroidie.

La pauvre Toinette, *qui n'y était plus*, toute ravie de voir sa sœur si bien parée, belle comme un ange, ne cessait de répéter son refrain : *Oh! qu'es ginto! oh! qu'es ginto!*

La défunte demeura exposée sur son lit funèbre jusqu'au lendemain, jour des funérailles. La nouvelle de sa mort s'était répandue rapidement dans la ville et dans les campagnes. *La sainte est morte ! la plus vertueuse femme du pays est morte !* Ainsi disaient toutes les bouches. Tout le monde accourait, riches et pauvres. Agenouillés devant le lit de la défunte qu'entouraient des cierges allumés, les uns priaient pour elle, les autres l'invoquaient ; ceux-ci pleuraient, ceux-là la contemplaient, tous sentaient que ce n'était pas seulement une femme qui venait de mourir, mais une Providence qui disparaissait du milieu d'eux.

La multitude se disputait les objets qui lui avaient appartenu ; on déchirait son linge, on morcelait sa robe, son tablier, ses bas, ses mouchoirs, ses cheveux. Une dame parvint à *accrocher* une manche de sa robe, et l'emportait triomphante à travers la rue Saint-Mary. Chemin faisant, la foule grossissait autour d'elle, se jetait sur la précieuse proie « comme les écrevisses se jettent sur une pauvre grenouille, raconte la dame, de sorte que, arrivée au bout de la rue, il ne me restait plus de ma chère relique qu'un lambeau large comme la main. »

Madame L... voulut absolument avoir un peu de son linge. Je pourrais nommer des bourgeois, des médecins, qui conservent encore quelques pieux débris des habits de l'illustre Menette. J'ai vu à Mauriac et dans plusieurs autres paroisses de petits reliquaires où sont conservés avec vénération quelques cheveux de la sainte, ou un morceau d'étoffe avec la date du jour et de l'année de sa mort.

Comme les dames, comme les ouvriers, les bourgeois se faisaient un devoir d'aller jeter de l'eau bénite sur les restes mortels de la mère des pauvres. M. T... baisait en pleurant les mains de la défunte, et laissait échapper de son cœur ces douloureuses exclamations : *Pauvre Catinon-Menette! sainte fille! admirable femme!* Chacun en passant devant cette couche de la mort, faisait toucher un objet aux mains, au front de la morte, afin de le bénir par ce simple contact : c'était une médaille, un chapelet, un scapulaire, un crucifix, un bijou. On croyait qu'une vertu salutaire émanait, comme un suave parfum, de cette dépouille sanctifiée par la pénitence et par la charité.

Dans la foule qui se pressait autour du cercueil, au moment des funérailles, se trouvait une sœur qui paraissait bien triste, Jeanne Guy, du tiers ordre de saint Dominique. Un jour, Catinon-Menette l'avait priée d'aller rendre quelque service à un malade. — « Oui, j'irai, avait répondu la Sœur en souriant;

mais je veux être payée. — Ah! vous voulez être payée! Et que voulez-vous que je vous donne? — Votre chapelet avant de mourir. — Mon chapelet? Ce n'est que cela? — Oui, oui. » Et Catherine l'avait quittée, mettant peu d'importance à une promesse à laquelle elle ne songea plus. Mais la sœur Guy y songea. Par malheur, lorsque Catherine tomba malade, elle était couchée, malade aussi. Le jour de l'enterrement, elle trouva pourtant assez de force pour se joindre au cortége funèbre. Elle demanda le chapelet; on lui répondit qu'on l'avait mis dans le cercueil. Elle suivait donc tristement le convoi, lorsque tout à coup, sur le chemin, derrière le cercueil, elle aperçoit l'objet si désiré. Elle l'examine, c'est bien lui; elle le montre à plusieurs personnes, toutes le reconnaissent. Joyeuse, la sœur Guy rentre chez elle, et parle à tout le monde de son heureuse trouvaille.

Un élève du collége, plein de foi en la sainteté d'une femme qui mettait toute une ville en mouvement, demande le chapelet et le récite avec une grande piété, priant la sainte de le guérir d'une fièvre qui le minait depuis longtemps. Dès le lendemain, il ne ressentit plus aucun mal.

Ce fait m'a été raconté par un trop grand nombre de personnes dignes de foi pour que je le révoque en doute. Il est de notoriété publique dans le pays que mille faits semblables se sont produits et se produisent encore. Qu'y a-t-il d'étonnant? Dieu ne peut-il pas accorder à celle qui aimait tant à soulager les malades durant sa vie, la faveur de les soulager encore après sa mort?

Le mardi matin eurent lieu les obsèques; elles furent magnifiques. Toute la ville y était, les campagnes étaient accourues. *On enterre la sainte!* c'était le cri général. Vers les neuf heures, le clergé de la paroisse, le clergé du collége, les prêtres habitués, toutes les congrégations religieuses : les sœurs de Nevers, les sœurs de saint François, les sœurs de saint Dominique, celles de sainte Agnès et de Notre-Dame, les pénitents blancs; tous en grande pompe se rendent processionnellement à la maison de la défunte. On fait l'enlèvement du corps au milieu du concours de toutes les classes de la société. Les sœurs du tiers ordre de saint Dominique s'attendaient à porter les restes mortels de celle qu'on appelait la sainte; mais les demoiselles des grandes familles revendiquent cet honneur. Des dames portent le poêle; d'autres, des cierges autour du cercueil.

L'immense procession de la mort s'avance lentement à travers la rue Saint-Mary que la foule encombre, franchit le portail des Pénitents, et entre

dans la belle église de Notre-Dame-des-Miracles au
son plaintif de toutes les cloches. Un immense et
magnifique catafalque s'élève au milieu de la grande
nef ; des draperies noires sont tendues tout autour
de l'église ; des cierges brûlent nombreux sur le
mausolée ; les autels sont voilés de noir en signe
de deuil, et les images de la mort étalent partout
leurs tristes et effrayants emblèmes. La ville n'avait
rien négligé pour rendre plus pompeuses les funérailles d'une femme qui lui fit tant de bien et qui
lui faisait tant d'honneur.

On dépose le cercueil sur le monument, et autour
de ce monument si auguste se pressent toutes les
autorités de la ville : M. Chauvy, sous-préfet ; M. Grasset, maire, le conseil municipal, le tribunal, la
garde nationale, tous les fonctionnaires, presque
toute la bourgeoisie, foule grossie d'une autre foule
plus nombreuse de pauvres, d'orphelins, de paysans, d'ouvriers, tous accourus pour rendre hommage à leur sainte bienfaitrice.

Après la messe, où la religion étala ses plus augustes cérémonies, un professeur du collége, qui fut
plus tard principal, M. l'abbé Combes, monta en
chaire, et avec ce grand cœur qu'on lui a connu,
fit l'éloge de la vertueuse Catherine (1).

(1) Un pâle résumé de ce discours a été imprimé.

« En présence de ce cercueil, dit-il, nous pouvons aujourd'hui élever la voix et faire l'éloge mérité de Catherine sans craindre de blesser sa haute modestie. Nous pouvons dire avec le prophète : *In memoriâ æternâ erit justus* : Le souvenir du juste restera toujours gravé dans la mémoire... Oui, fille bénie, elles seront gravées pour toujours dans notre mémoire les vertus que vous avez pratiquées dans un si haut degré ; longtemps les pères les rediront à leurs enfants, toujours votre vie sera le modèle de notre vie. En vain votre modestie et votre rare humilité ont voulu dérober à la terre vos belles actions, la Providence ne l'a pas permis... Née pauvre, Catherine fut la nourrice des pauvres ; sans fortune, elle distribua d'abondantes aumônes ; souvent elle exposa sa vie pour sauver celle des autres. On la rencontrait partout où il y avait des malheureux à secourir, des affligés à consoler ; le riche l'appelait au chevet de son lit, et il se sentait soulagé. Bien souvent elle se refusa le nécessaire pour le donner à ses enfants, oui, à ses enfants ; car elle était la mère des pauvres et des malheureux. Pieuse et sans ostentation, elle aima et servit Dieu comme Dieu veut être aimé et servi... »

Le prêtre parle ensuite des longues années de Catherine passées dans l'exercice de la plus fervente

piété; des travaux au milieu desquels la mort la
trouva sans la surprendre; de la grandeur d'âme
qu'elle puisa dans la religion, et de cette charité si
naïve, si affable, si communicative, qui la distingua
toujours, et de ses manières si délicates de faire le
bien sans offenser et sans être aperçue. « Prions tous
le Ciel, s'écria-t-il en terminant, de susciter parmi
nous une nouvelle Catherine. En attendant, conso-
lons-nous, car Catherine n'est pas perdue pour la
religion et pour la charité; ses bonnes œuvres longtemps répandront sur nous leur suave parfum; elles
feront la gloire de son nom, et, durant de longs
jours, nous respirerons la suave odeur de sa sainteté. »

Après l'absoute, le cortége se met en marche.
Le cimetière est dans la campagne à une longue
distance de l'église, et cependant la tête de la procession funéraire y arrivait, que les dernières personnes du convoi n'étaient pas encore sorties de la
ville.

M. Journiac, notaire, prononça un discours sur
la tombe au milieu des sanglots de tout un peuple.
Il rendit un juste hommage à celle qui *fut l'honneur
et la bienfaitrice du peuple et de la cité, cette fille
divine!*

Qu'on me permette ici d'évoquer les années de

mon jeune âge, et de rappeler un souvenir qui m'é-
meut en rajeunissant ma vie. Moi aussi, comme
tant d'autres, j'étais accouru de la campagne avec
mes frères pour voir l'enterrement de Catinon-Menette. C'était une leçon de vertu que voulait nous
donner notre bonne mère en nous conduisant à ces
solennités de la mort. Je ne pénétrai que difficilement dans l'église, tant la foule était compacte et
sur le chemin du cimetière, avec peine je fendais
les flots de la multitude ; j'y mettais pourtant de la
bonne volonté et l'ardeur d'un garçon de huit ans.
Arrivé au cimetière, je le trouvai déjà rempli par la
foule. Je grimpai sur un mur, du haut duquel je
dominais les flots de la multitude de plus en plus
croissante. Je ne pus entendre le discours de M. Journiac, j'étais trop éloigné; d'ailleurs je ne l'aurais
pas compris. Mais ce que j'entendis et ce que je
compris, ce furent les pleurs et les gémissements
qui coulaient et qui s'élevaient du milieu de cette
population, tristement debout autour d'une tombe
et sur des tombes. Bientôt je vis tout ce peuple de
prêtres, de bourgeois, de paysans, d'ouvriers, de
femmes, d'enfants, s'en retourner et disparaître peu
à peu dans toutes les rues et sur tous les chemins.

Je m'approchai de la fosse alors. J'entendis la
première pelletée de terre retentir sur le cercueil;

il disparut graduellement à mes yeux. Je m'éloignai avec le fossoyeur, et la chère Catinon-Menette resta là dans la solitude de son immortel repos, au pied d'un frêne, seul monument élevé sur cette humble servante de Dieu. Je regrette vivement qu'on ait détruit ce monument de la nature.

Catinon-Menette ne fut pas oubliée. On voyait souvent sur la fosse des chrétiens agenouillés; ils lui demandaient d'intercéder pour eux au ciel. Moi-même, passant par là, je me plaisais à aller voir cette tombe vénérée; j'y conduisais mes camarades d'enfance. Nous escaladions les murs du cimetière, et, arrivés au pied de l'arbre, je leur disais : *Voilà le tombeau de la sainte!* Des fleurs y étaient cultivées par de pieuses mains, et croissaient à l'ombre du feuillage. Nous nous agenouillions, et notre prière d'enfants, plus naïve alors, montait sans doute vers le Ciel avec le parfum des fleurs et la sainteté de cette tombe si humble et si glorieuse.

CHAPITRE XVI.

Mort de Toinette Jarrige et de Françoise Maury. — Pièces justificatives.

Catinon–Menette, sur son lit de mort, avait dit à sa sœur, on s'en souvient : « Ma pauvre sœur, tu ris, mais tu ne riras pas longtemps... Tu mouras bientôt, je te l'assure... » Cette prédiction s'accomplit comme les autres. Toinette se portait pourtant bien le matin des funérailles de sa sœur, malgré ses 86 ans. Au moment de partir pour la cérémonie funèbre, elle sent un grand froid dans ses membres; elle en fait part aux personnes qui l'aidaient à s'habiller. Celles-ci la réchauffent et lui défendent de sortir de la maison. Au retour du cimetière, on appelle le docteur Chabrat. « Savez-vous, M. le docteur, lui dit Mᵐᵉ Perrier, que Catinon-Menette à prédit la mort de sa sœur? D'abord je n'avais point fait attention à ses paroles; mais je commence maintenant à croire que cet prédiction va aussi s'accomplir. » — « Bien sûr? répond le médecin : je ne sais que vous en dire, elle a le même mal que Catinon-Menette. »

Quatre jours après, le 9 juillet, la bonne Toinette allait rejoindre au ciel sa bienheureuse sœur. On la déposa au cimetière à côté de Catherine. Inséparables pendant la vie, ces deux saintes femmes demeurèrent unies à la mort et pendant l'éternité.

Trois ans plus tard, le 19 octobre 1839, Dieu retirait de ce monde une âme également pure et sainte. Françoise Maury, retirée dans sa famille, où elle occupa ses dernières années à instruire les petits enfants, s'éteignait dans le Seigneur à l'âge de 89 ans, toute purifiée par une paralysie qui la retint quinze mois dans un lit de douleur.

Je transcris ici quelques documents qu'on lira avec intérêt.

On lit dans le journal *La Gazette de France*, n° du 16 juillet 1836 :

« Une fille sans fortune, sans naissance, vient de mourir à Mauriac, département du Cantal, et toute la ville en larmes a suivi son cercueil. Fonctionnaires, riches, pauvres, tous les rangs se sont serrés et confondus autour de cette tombe qui allait recevoir Chatherine Jarrige. Mais cette fille avait une belle âme; mais toute sa vie avait été une vie de bonnes œuvres.

» A cette époque, où la France, désolée par l'anarchie, ne pouvait honorer son Dieu, elle allait, exposant mille fois ses jours auprès de ces ministres de nos autels qui surent rester fidèles. Elle allait leur porter les secours que des mains pieuses lui remettaient, les guider dans les lieux qui pussent les dérober aux sicaires de l'incrédulité, et leur amener ces chrétiens qui avaient encore soif de la parole sacrée. Pauvre elle-même, elle était le refuge et la bienfaitrice des pauvres. Pour eux, elle savait amollir le cœur du riche et lui faire ouvrir les trésors de la charité. Aussi laisse-t-elle dans son pays les plus profonds regrets ! »

DISCOURS DE M. JOURNIAC, NOTAIRE.

« Si la mort épargnait une vie pleine, la vie de ces créatures vertueuses et privilégiées que le monde voit si rarement apparaître, nous ne serions pas réunis ici pour rendre de tristes et derniers devoirs à Catherine Jarrige. Elle vivrait encore, oui, elle vivrait ; elle aurait vécu aussi longtemps que la terre lui aurait offert des douleurs à soulager et des consolations à donner.

» Assez d'autres se disputent le stérile honneur de jeter des guirlandes éclatantes sur les monuments ambitieux élevés à l'orgueil des grands et des puissants de la terre ; qu'il nous soit permis, à nous, un des représentants de la cité, à nous qu'elle n'oublia pas dans une grande douleur (1) ; qu'il nous soit permis de répandre quelques fleurs sur cette tombe obscure où va descendre le corps d'une femme du peuple, qui fut en même temps l'honneur et la bienfaitrice et du peuple et de la cité.

» Et vous, membres si intéressants de la grande famille, qui semblez n'être nés que pour souffrir, indigents, vous qu'elle croyait toujours plus malheureux qu'elle, vous dont elle avait adouci les privations avant de sentir son propre dénument, pressez-vous avec moi, avec nous tous, autour des restes inanimés de celle qui fut pour vous une mère si tendre. Pleurons ensemble la mort de Catherine, dont la vie entière a répandu sur nos maux un baume bienfaisant et consolateur.

» Tant de larmes, tant de douleurs réunies sont bien plus éloquentes que ma faible voix, que la voix même de l'orateur chrétien dont la parole puis-

(1) M. Journiac fait ici allusion à la mort d'un de ses enfants. Catinon-Menette seule put faire rentrer l'espoir et le calme dans son âme désespérée.

9.

sante a si fortement ému vos âmes. Le cœur et le souvenir encore tout pleins des bienfaits dont elle vous combla, chacun de vous pourrait fournir la plus belle page à l'histoire de la plus belle vie.

» Mais vous n'êtes pas les seuls dont la main de Catherine ait cicatrisé les plaies. Comme sa présence seule était une consolation, elle se multipliait; on la voyait dans l'asile de tous les infortunés, sous les lambris comme sous le chaume, et je ne crois pas qu'il se soit rencontré une douleur, une souffrance que son cœur n'ait devinée, et que sa charité n'ait adoucie.

» Catherine laisse donc parmi nous un vide immense, un vide que les siècles seuls peuvent remplir. Catherine est morte digne ministre, digne interprète d'une religion toute d'espérance. Après un langage aussi consolant que le vôtre, pardonnez-moi ces paroles de désespoir : Oui, Catherine est morte; elle est morte pour les infortunes de notre âge; il ne nous reste que le souvenir de ses vertus.

» Fille divine ! toi dont la vie entière fut si simple, si modeste, si le passage à un monde nouveau pouvait changer nos sentiments et modifier notre être, ton ombre serait fière des honneurs qu'on rend ici-bas à tes dépouilles mortelles; tes cendres devraient s'enorgueillir des honneurs unanimes qu'une ville entière vient porter sur ta tombe. Catherine, encore une fois reçois l'expression des regrets universels qui t'accompagnent dans le séjour céleste! Que la terre te soit légère! Modèle de la charité la plus parfaite, d'une piété douce et tolérante, repose en paix dans le sein d'un Dieu de charité et de clémence! »

Notice sur Catherine Jarrige, par M. l'abbé Chabau, ancien principal du collége de Mauriac, mort vicaire de Saint-Denis.

« Les lecteurs des *Annales du bien* se plaisent aux récits simples et vrais qui parlent surtout au cœur; à ce titre, nous l'espérons, cette courte notice sur une humble servante de Dieu que nous avons personnellement connue, ne leur semblera pas sans intérêt.

» Catherine Jarrige, connue sous le nom de Catinon-Menette, vécut dans la ville de Mauriac, où fut le théâtre de ses bonnes œuvres. Appartenant à la classe la moins fortunée, elle ne possédait absolument rien; mais cet état, qui fait le désespoir de tant d'autres, elle l'acceptait avec joie et l'honorait par la pratique des plus touchantes vertus, et en particulier d'une admirable charité. Quoique très-pauvre elle-même, Catherine fut toute sa vie la providence des nécessiteux, parce que les riches, heureux d'un intermédiaire aussi intelligent que discret, faisaient à l'envi de la pieuse fille la dispensatrice de leurs aumônes. Point de bourse qui ne fût empressée de s'ouvrir au premier mot de Catherine, parce qu'on savait que l'argent remis entre ses mains ne servait qu'à soulager des besoins réels et pressants.

» Pendant la révolution de 93, alors que la persécution forçait les prêtres fidèles à s'expatrier ou à se cacher, Catherine s'inquiétait de leur procurer une retraite, et mille fois elle exposa sa santé ou sa vie pour leur porter des secours ou leur donner un utile avis. Il y avait dans sa petite ville, à la tête de la gendarmerie, un sous-lieutenant qui, sans manquer à son devoir, du moins à la lettre de son devoir, trouvait moyen de rendre service aux innocents compromis. Catherine était sa généreuse complice, et dès qu'arrivait l'ordre d'arrêter quelque infortuné auquel on ne pouvait reprocher que ses vertus, la noble fille en était avertie. Aussitôt, de nuit ou de jour, par le froid comme par la chaleur, par la neige comme par l'orage, elle se mettait en route, alerte et intrépide, et s'empressait d'aller prévenir au fond de sa retraite, dans quelque chaumière isolée ou dans les bois, le pauvre prêtre menacé. Tout naturellement son caractère la rendait suspecte, et l'on se défiait de son dévouement ; aussi plusieurs fois elle fut arrêtée, mais sans que jamais il sortît de sa bouche une parole contraire à la vérité, ou une expression de nature à compromettre personne.

» De la part d'une pauvre villageoise, ignorante du monde et sans instruction, le fait mérite d'être remarqué comme une preuve de la miséricordieuse bonté du Ciel pour ses prêtres et son humble servante. Un jour entre autres, un ecclésiastique fut surpris dans sa cachette, saisi et conduit au chef-lieu du département. Catherine aussi fut arrêtée et amenée devant le redoutable tribunal. Elle avait visité et assisté cet infortuné ; mais plutôt que de le trahir ou de mentir à sa conscience, elle était résolue à porter sa tête sur l'échafaud. La voilà donc devant ses juges. Le mot qui d'après la loi, et une loi implacable, doit décider de son sort, va s'échapper de ses lèvres véridiques, quand tout à coup, levant les yeux au ciel, elle aperçoit parmi les juges un de ces prêtres apostats qui affligèrent l'Eglise, glorieuse de tant de martyrs, et Catherine dit en le regardant : *Je n'en ai pas plus vu qu'à présent*. Dieu permit qu'on n'insistât pas, et l'héroïque fille fut renvoyée à ses bonnes œuvres.

» En nous racontant cette circonstance si solen-
nelle de sa vie, Catherine nous disait qu'elle ne
pouvait s'expliquer comment cette réponse lui était
venue. Trente ans après, elle ne la répétait pas
sans émotion, et se la reprochait presque comme un
mensonge. Plus d'une fois elle exprima le regret de
n'avoir pas versé son sang pour la vérité.

» Un autre prêtre, martyr celui-là, vit dresser
la guillotine sur la place de Mauriac. La consternation était générale; tous avaient fui. Catherine,
toujours intrépide, accompagne le confesseur de la
foi à l'échafaud, près duquel elle ne craint pas de
se placer, afin de recueillir les gouttes d'un sang
précieux, à l'exemple de ces femmes fortes de la
primitive Église, que l'esprit de Dieu faisait revivre
en elle. Le sang du généreux abbé Filhol a, dit-on,
opéré plus d'un miracle.

» L'héroïque dévoûment de Catherine et ses émi-
nentes vertus l'avaient rendue l'objet de la vénération générale; grands et petits tenaient à honneur
et bonheur de l'entretenir; pour tous c'était une
fête que sa visite, qui laissait après elle comme un
parfum céleste. Son air de recueillement, je ne sais
quoi de doux et de calme, une physionomie sereine
et comme éclairée au dedans, inspiraient tout
d'abord le respect et l'affection, et jamais elle ne

se départit de cette simplicité aimable et touchante.

» Tous les matins elle entendait la messe et communiait plusieurs fois la semaine ; avec quelle ferveur ! On en jugeait à la radieuse expression de sa figure. Pour témoigner davantage de son respect, avant d'aller à la table sainte, elle ne manquait pas d'ôter ses sabots (sa chaussure ordinaire).

» Les devoirs religieux accomplis, elle donnait le reste de son temps aux œuvres de charité.

» Catherine mourut le 4 juillet 1836, dans un âge avancé. La ville entière assista à ses funérailles. Les riches et les pauvres, les magistrats et le clergé s'empressaient pour lui faire cortége, et ses moindres vêtements furent partagés comme des reliques. On affirme que plusieurs prodiges se sont opérés en son nom. Pendant sa maladie, elle avait dit à sa sœur qu'elle ne tarderait pas à venir la chercher; et celle-ci, qui au moment des obsèques se portait parfaitement, mourut quatre ou cinq jours après, et fut enterrée à côté de Catherine. Pauvre fille! qui avez passé en faisant le bien, votre souvenir embaume encore (1855) la contrée qui vous a vue naître et mourir. Puisse-t-il s'y conserver toujours, et faire comprendre à tous ce que c'est que la bonne odeur de Jésus-Christ ! »

Plusieurs journaux ont reproduit la nécrologie suivante.

NÉCROLOGIE.

« Le 4 juillet 1836, est décédée à Mauriac, à l'âge de quatre-vingt-deux ans, dans la plus modeste condition, une femme dont toute la vie a offert l'exemple des plus rares vertus et des plus nobles actions. Elle s'appelait Catherine Jarrige; mais elle était plus connue sous le nom de Catinon-Menette, second baptême venant du peuple et qu'elle a gardé jusqu'au tombeau. On raconte de cette femme des prodiges de charité et de bienfaisance. On dit que plus de soixante ans de sa vie ont été consacrés à soulager les malheureux, à veiller au lit des malades, à prodiguer des consolations partout où il y avait des souffrances et des peines.

» Née pauvre, et n'ayant pour toute ressource que le fruit de son travail, elle pouvait peu par elle-même, et pourtant sa main était toujours pleine pour ceux qui en avaient besoin ; c'est que sa voix si humble et pourtant si respectée savait émouvoir le cœur du riche, et que jamais elle ne supplia en vain pour la pauvreté. Elle ne se contentait pas de faire le bien; sa noble nature avait quelque chose de communicatif qui lui donnait l'heureux privilége de le faire faire aux autres. Les malheureux seuls peuvent savoir avec quelle constance, avec quelle généreuse ferveur elle en usa jusqu'à son dernier moment.

» S'il était permis d'entrer dans des détails, et de citer des particularités que les bornes d'un journal ne comportent pas, il n'est personne qui, au récit de ce qu'a fait Catherine Jarrige, ne fût saisi d'un sentiment de respect et d'admiration pour une vie aussi pure, aussi sainte, aussi utilement remplie jusqu'au bout.

» C'était ce sentiment qui inspirait les notables habitants de la ville de Mauriac, lorsque, il y a deux ou trois ans, ils eurent la pensée de faire concourir leur digne compatriote pour les prix de vertu fondés par M. de Monthyon. Une notice fut rédigée et adressée à cet effet à l'Académie française. Elle fut couverte des attestations les plus flatteuses. Les prêtres et les médecins, qui s'étaient si souvent rencontrés avec elle au chevet des malades, rendirent hautement témoignage des assistances qu'ils en avaient reçues, et signalèrent nombre de faits plus honorables les uns que les autres pour l'amie, pour la bienfaitrice infatigable des pauvres. Le sous-préfet, les membres du tribunal et du barreau, le maire et les adjoints, les conseillers municipaux et les officiers de la garde nationale, les professeurs du collége, les autres fonctionnaires, tout le monde voulut signer. C'était à qui aurait quelque fait nouveau à révéler, quelques bonnes actions à faire connaître; c'était à qui dirait le plus de bien de Catherine Jarrige.

» Pendant ce temps-là, elle continuait ses visites aux malades et aux nécessiteux; elle cherchait à pénétrer les besoins cachés des malheureux secrets pour leur venir en aide. Elle finit cependant par savoir quelque chose de la démarche dont elle était l'objet; mais loin d'en avoir souci et d'en tirer vanité, elle se borna à répondre à la personne qui lui en parlait : « Que vous êtes bons, vous autres, de croire qu'à Paris on s'occupera d'une pauvre fille comme Catinon-Menette! Encore si l'on m'envoyait de quoi acheter une paire de souliers pour faire mes pâques! Mais non, je n'attends rien. »

» Heureuse et vraie philosophie, remarquable surtout par l'à-propos; car elle avait dit vrai, la pauvre fille. D'autres avaient sans doute mieux fait qu'elle; elle n'obtint rien, pas même, pour employer son naïf langage, l'argent d'une paire de souliers. On sait l'histoire de cet Athénien qui, au jour des suffrages publics, voyant deux cents noms sortir de l'urne avant le sien, s'en félicita publiquement pour l'honneur d'Athènes, qui se trouvait compter ainsi deux cents meilleurs citoyens que lui. Félicitons-nous à notre tour, pour notre pays et notre époque, de ce que, dans le concours ouvert pour le prix de vertu, une vie quasi séculaire, toute pleine des œuvres les plus méritoires et les plus exemplaires, n'ait pas même pu avoir droit à une simple mention.

» Mais si les concitoyens de Catherine Jarrige n'ont pas été assez heureux pour obtenir de son vivant la couronne que sa vertu lui mérita, ils ont tenu à cœur du moins de s'en dédommager en la déposant eux-mêmes sur sa tombe. On se ferait en effet difficilement une idée de la sensation qu'a produite dans tout Mauriac la mort de cette bonne vieille. On peut dire sans exagération qu'elle a été comme un évènement. Pendant les derniers jours de sa maladie, la modeste retraite où elle se soutenait à son tour avec le secours de la charité publique, était encombrée de visiteurs. Après sa mort, on s'est disputé ses vêtements et ses cheveux, et le peuple manifestait ses regrets et sa douleur par ces mots si simples et si expressifs : *La plus brave femme de Mauriac vient de mourir.*

» Ses obsèques ont eu lieu avec une grande pompe ; un nombreux clergé y assistait ; l'église était tendue de noir et décorée comme pour les plus

grandes occasions. Le corps de la défunte a été placé
sur un catafalque; toutes les classes de la population
étaient confondues dans le cortége où l'on voyait les
principales autorités. Mais ce qui en faisait le plus
bel ornement, c'étaient les pauvres, qui pour la
première fois n'avaient plus aucun bienfait à recevoir d'elle, et dont les sanglots témoignaient assez
de la perte qu'ils venaient de faire. Deux discours
ont été prononcés, l'un avant l'absoute, dans la
chaire, et l'autre au cimetière, tous deux parfaitement appropriés à la circonstance; ils ont reproduit
fidèlement les sentiments qui étaient dans tous les
cœurs, et ont ajouté encore, s'il est possible, à
l'émotion générale.

» On aime à s'appesantir sur une semblable ma-
nifestation, parce qu'elle contraste avec de nouveaux
actes de démoralisation, qui ont fait naître, dans
ces derniers temps, des craintes sérieuses sur l'avenir de la société. On peut le dire avec quelque
confiance et quelque fierté, ces honneurs si grands
décernés à une femme si pauvre, si simple, mais
qui a bien vécu, ce deuil de toute une population
suivant avec tant de respect un cercueil si humble,
cet hommage public rendu spontanément à la vertu,
renferment une haute leçon et révèlent un sentiment
moral profond, qui mérite d'être remarqué.

» C'est ce spectacle consolant qui a inspiré cette notice nécrologique, destinée à honorer un nom obscur. Il se peut qu'au loin elle soit trouvée empreinte de quelque exagération ; mais pour tous ceux qui ont vu de près Catherine Jarrige ou qui ont assisté à ses obsèques, très-certainement elle paraîtra au-dessous de la vérité.

» Auguste CHAUVY,

» *Sous-Préfet de l'arrondissement de Mauriac.* »

FIN

TABLE.

CLERMONT-FERRAND, TYPOGRAPHIE DE MONT-LOUIS.